河南省教育厅人文社会科学研究项目资助(2016-GH-150);

河南省教育科学"十二五"规划2015年度课题资助(2015-JKGHYB-0633)

英汉文化对比与互译

郑 野◎著

中国水利水电出版社
www.waterpub.com.cn

·北京·

内 容 提 要

本书从文化与翻译的基础理论与知识入手,联系二者的关系,对英汉 11 种典型文化进行了对比与翻译研究,内容翔实、全面,能够丰富读者对文化的理解,并提高读者的文化翻译能力。

图书在版编目(CIP)数据

英汉文化对比与互译 / 郑野著. —北京:中国水利水电出版社,2016.10(2022.9重印)

ISBN 978-7-5170-4781-0

Ⅰ.①英… Ⅱ.①郑… Ⅲ.①文化语言学－对比研究－英语、汉语②英语－翻译－研究 Ⅳ.①H0－05②H315.9

中国版本图书馆 CIP 数据核字(2016)第 235539 号

责任编辑:杨庆川 陈 洁 封面设计:崔 蕾

书 名	英汉文化对比与互译 YINGHAN WENHUA DUIBI YU HUYI
作 者	郑 野 著
出版发行	中国水利水电出版社
	(北京市海淀区玉渊潭南路 1 号 D 座 100038)
	网址:www.waterpub.com.cn
	E-mail:mchannel@263.net(万水)
	sales@mwr.gov.cn
经 售	电话:(010)68545888(营销中心) 、82562819(万水)
	全国各地新华书店和相关出版物销售网点
排 版	北京厚诚则铭印刷科技有限公司
印 刷	天津光之彩印刷有限公司
规 格	170mm×240mm 16 开本 15.5 印张 201 千字
版 次	2016年10月第1版 2022年9月第2次印刷
印 数	1501—2500册
定 价	48.00 元

　　全球化语境时代的到来为中国经济的发展带来了巨大机遇。同时,中国经济的腾飞又促进了世界经济的繁荣。现如今,中国和世界处在密切的联系之中,信息技术和网络的发展更是拉近了不同文化之间的距离。跨文化交流在一定程度上就是文化的沟通与融合。但是,多国之间复杂的国际沟通环境也增大了中西文化碰撞的程度。翻译作为语言与文化沟通的桥梁能够减缓多元文化与中国传统文化之间的碰撞,增进个体文化和群体文化之间的了解。我国在改革开放三十多年的建设中,正从传统走向工业、从中国文化走向世界文化之林,因此在这样的社会背景下,培养具有文化理解能力和运用能力的翻译人才十分必要。纵观我国传统英语教学环境,对翻译基础知识和基础技能的教学所占比例较多,从整体文化角度开展翻译教学的份额较少。在这种教学环境下培养出来的英语翻译人才语言灵活性较差,没有文化理解能力的翻译人员更是无法胜任日后的翻译工作。综合以上社会环境和英语教学环境,作者在研究国内外众多专著的基础上,精心撰写了《英汉文化对比与互译》一书。

　　本书共包含九个章节的内容,分为两大部分。第一章到第四章为本书的理论部分。其中,第一章开篇介绍了文化的相关概念,包括文化的定义、分类、特点、功能。第二章联系英汉文化,对二者的差异以及对比研究进行了综述。第三章从翻译的基础知识着手,分析了翻译的定义、分类与中西翻译研究情况,为后续章节的展开奠定了基础。第四章承上启下,介绍了文化与翻译的关系,并从整体上说明了文化翻译的原则与策略。第五章到第九章为本书的第二部分,也是本书的主体部分。具体来说,第五章从语言文化出发对英汉词汇、句法、语篇进行了对比与互译分析。第六章到第九章选取英汉典型文化部分,分别介绍了习语文化、典故文化、宗教文化、数字文化、色彩文化、人名文化、地名文化、称谓文化、节日文化、饮食文化的对比与互译情况。

从宏观角度对《英汉文化对比与互译》一书的框架进行分析,可以看出其框架清晰、重点明确。通过理论联系实际、总体过渡到个体的顺序,能够使读者形成系统的文化对比与翻译概念,符合人类的认知顺序,能够提高读者对知识的吸收与内化程度。同时,本书的主体部分对比了英汉十几种不同的文化,能够丰富读者对文化的理解。相信本书的撰写会为英汉文化爱好者、翻译研究者和文化翻译学习者带来一定的启发。

本书在成书过程中得到了很多专家、学者的帮助与建议,在此表示诚挚的谢意。鉴于作者水平有限,成书时间仓促,书中难免有疏漏之处,恳请广大读者批评指正。

河南省教育厅人文社会科学研究项目资助(2016-GH-150);

河南省教育科学"十二五"规划 2015 年度课题资助(2015-JKGHYB-0633)

作　者
2016 年 8 月

目 录

第一章

文化

文化是一种社会现象,是人类历史发展到一定阶段的产物,它是人们所觉、所思、所言、所为的总和,并凝聚着一个民族的文明和历史。现在,文化已经布满于世界的各个角落,并在世界各国间的交流中扮演着重要的角色。对文化进行研究可使人们更加深入地了解文化,对英汉文化对比与互译的探究也意义重大。本章就对文化的定义、分类、特点及功能进行分析说明。

第一节 文化的定义

"文化"一词由来已久,在西方和中国的历史语言体系中都出现过关于"文化"的记载。

英语中与"文化"相对应的表达是 culture,该词源于拉丁文 cultus。cultus 的意思是"开化、开发",常用于居住、耕种、练习以及敬畏神灵。culture 曾经被用来指"犁",也就是耕地的过程,后来引申为培养人的技能、品质,之后又不断进行转义。直到 18 世纪,"文化"这一概念在西方思想史获得了第一次重要转义,表示"整个社会里知识发展的普遍状态""心灵的普遍状态和习惯"和"各种艺术的普遍状态"。

我国早在两千多年以前,"文化"一词及其含义就已出现,《周易·贲卦》中首次将"文"与"化"并用。"文"与"化"真正合并为"文化"一词始于西汉。西汉刘向的《说苑·指武》中曾写到,"圣人之治天下也,先文德而后武力,凡武之兴,为不服也,文化不改,然后加诛。"其大致含义是:圣人治理天下,先施以文德教化,如不奏效,再施加武力,亦即先礼后兵的意思。在这里的"文"和"诛"指的是两种完全不同的治理社会的手段。这一时期的人们对"文化"一词的理解并未达成共识。直到唐代时期,孔颖达才对"文化"一词提出了较有见地的解释。他认为,文化就是社会的文化,即文学艺术与风俗礼仪等上层建筑的一些要素。在古代,人们对文化的理解主要基于狭义的精神层面,如人类的精神、意识、智慧等,因此还不能算作是文化的定义。

可以看出,作为人类社会的现实存在,文化具有与人类自身同样长久的历史,而且随着历史的发展,文化的内涵也在不断演变。关于文化的概念,自始至终人们都没有停止过研究,当代世界关于文化的定义就多达数百种。但到目前为止,文化的定义仍没有统一,也由此可见文化的广远浩博及其界定之难。

一、国外学者对文化的界定

有学者指出,"文化"一词是英语语言中最为复杂的词汇之一。关于文化的定义,具有权威性的《大英百科全书》进行了系统的归纳,其主要引用了美国著名文化人类学专家克罗伯和克拉克洪(A. L. Kroeber & D. Kleckhohn)的《文化:一个概念定义的考评》(*Culture:A Critical Review of Concepts and Definitions*)一书中所收集的一百多条关于文化的定义,这些定义均由世界著名的心理学家、哲学家、人类学家等所界定。下面就根据不同属性对这些定义进行具体说明。

(一)描述性定义

描述性定义包括以英国文化人类学家泰勒(Edward Tylor)

为首的定义，以及在其影响下强调文化所涵盖内容比较广泛的定义。1871 年，泰勒在其出版的《原始文化》（*Primitive Culture*）一书中，首次将文化作为一个中心概念列出来。他认为，"文化是一种复杂体，它包括知识、艺术、信仰、道德、风俗以及其余社会上习得的能力与习惯。"①学术界一直认为泰勒是定义文化的第一人，他的定义具有经典性。

该组定义的特点是将文化看作一个整体事物，几乎每一个定义中都包含"整体""全部"的字眼，而且常通过列举的方式列出文化所涵盖的全部内容。但该组定义也存在不足之处，由于文化是一个十分抽象的概念，所以仅依靠列举的方式对其进行界定是难以涵盖全部内容的，并且也容易忽略其他文化因素。

（二）历史性定义

历史性定义强调文化的社会遗传与传统属性，其代表定义是美国文化语言学家萨丕尔（E. Sapir）的定义。萨丕尔认为，"文化被民族学家和文化史学家用来表达在人类生活中任何通过社会遗传下来的东西，这些包括物质和精神两方面。"②此外，该组定义还包括洛维（Lowie）、马林诺夫斯基（B. Malinowski）等人的定义。

倾向历史性定义的学者从历史的角度选择文化的"遗传"和"传统"特性对其进行阐述。虽然两个术语存在些许差别，但都是以相对静止的形式来看待文化。但是，该组定义过于强调文化的稳定性以及人类相对于文化的被动性，这会使人们误以为人类仅仅是文化的搬运工，而不是文化的缔造者。

（三）规范性定义

规范性定义强调文化的规则与方式，认为文化是一种具有特色的生活方式，最具代表性的是美国人类学大家威斯勒（C. Wissler）的定义。威斯勒指出，"某个社会或部落所遵循的生活方

---

① Tylor，Edward Burnett. 原始文化［M］. 北京：华夏出版社，1990：52.
② 郭莲. 文化的定义与综述［J］. 中共中央党校学报，2002，（1）：115.

式被称作'文化',它包括所有标准化的社会传统行为。"①除此之外,还包括弗思(Firth)、弗兰克(Frank)、西尔斯(Shils)等人的定义。

(四)心理性定义

心理性定义强调文化是满足欲望、解决问题以及协调环境和人际关系的手段。萨姆纳和凯勒(W. G. Sumner & A. G. Keller)指出,"人类为适应他们的生活环境所做出的调整行为的总和就是文化或文明。"②福特(Ford)指出,"文化包括所有解决问题的传统方法。"这一类定义还包括莫里斯(Morris)、帕南基奥等人的定义。

此类定义的提出十分有益,但完整性和准确性欠佳,因为文化既制造了问题,也提出了解决的方法。此外,这些学者过于注重文化的存在与形成问题,而忽视了对文化本质的解释。

(五)结构性定义

结构性定义强调文化的模式与结构层,其代表性定义是奥格本和尼姆科夫(W. S. Ognurn & M. F. Nimkoff)的定义。奥格本和尼姆科夫指出,"一个文化包括各种发明或文化特性,这些发明和特性彼此之间含有不同程度的相互关系,它们结合在一起构成了一个完整的体系。围绕满足人类基本需要而形成的物质和非物质特性使我们有了社会制度,而这些制度就是文化的核心。一个文化的结构互相连结形成了每一个社会独特的模式。"③该组定义还包括库图、克拉克洪等人的定义。

该组定义从全新的视角对文化进行了更深层次的解释,将文化从行为概念中解脱出来,认为文化是一个抽象概念,相较于其他定义有了巨大的进步。

---

① 郭莲. 文化的定义与综述[J]. 中共中央党校学报,2002,(1):116.
② 同上.
③ 同上,第117页.

（六）遗传性定义

遗传性定义主要关心文化的来源、存在以及继续生存的问题等，其最具代表性的是福尔瑟姆（G. J. Folsom）的定义。福尔瑟姆指出，"文化不是人类自身或天生的才能，而是人类所生产的一切产品的总和，它包括工具、符号、大多数组织机构、共同的活动、态度和信仰。文化既包括物质产品，又包括非物质产品，它是指我们称之为人造的，并带有相对长久特性的一切事物。这些事物是从一代传给下一代，而不是每一代人自己获得的。"[①]此外还包括纳德（Nader）、默多克（Murdoch）等人的定义。

在这一组定义中，学者们虽然提到了文化的属性，但重点仍是研究文化的遗传特性问题。这与文化的历史性定义很相似，但该组定义强调的是文化的传统与遗传，而历史性定义强调的是文化的传递过程。

除上述定义外，还有很多学者对文化从不同角度进行了不同的界定，这里不再一一说明。

二、国内学者对文化的界定

我国学者也对文化进行了不同层面的研究和探讨，并提出了自己的观点和看法。

《现代汉语词典》（汉英双语版）对文化的定义是："文化指在人类社会历史发展过程中所创造的物质财富和精神财富的总和，特指精神财富，如文学、艺术、教育、科学等。"[②]

我国《辞海》（1989）对文化的定义是："文化广义指人类社会实践过程中所获得的物质、精神的生产力和创造的物质、精神财富的总和。狭义指精神生产力和精神产品，包括一切社会意识形

---

① 郭莲.文化的定义与综述[J].中共中央党校学报,2002,(1):118.
② 中国社会科学院语言研究所.现代汉语词典（英汉双语版）[M].北京:外语教学与研究出版社,2002:2006.

式：自然科学、技术科学、社会意识形态。有时又专指教育、科学、文学、艺术、卫生、体育等方面的知识与设施。"[1]

金惠康（2004）指出，"文化是生产方式、生活方式、价值观念以及社会准则等构成的复合体。"[2]

辜正坤（2004）指出，"所谓广义文化，指的是人和环境互动而产生的精神和物质成果的总和，包括生活方式、价值观、知识和技术成果及一切经过人的改造和理解而别具人文特色的物质对象。"[3]

张岱年（2006）给文化下了一个颇具创见的定义："文化是人类在处理人与世界关系中所采取的精神活动、实践活动的方式及其所创造出来的物质和精神成果的总和，是活动方式与活动成果的辩证统一。"[4]这一定义既注重了文化的历史积淀和既往成果，又强调了文化的演变与创造。

综上所述，虽然中西方学者对文化的定义提出了各不相同的看法，但他们对文化本质的认识却是一致的，即文化是历史的沉淀和结晶，是经过长期的积累逐渐形成的，是人类社会实践的产物，是人类创造出来并持有的精神财富和物质财富。

第二节　文化的分类

学术界对文化的类型也进行了深入研究，并从不同角度出发对文化进行了不同的分类。例如，"两分说"认为文化包含物质生产文化和精神观念文化；"三分说"认为文化可分为物质文化、制度文化和精神文化；"四分说"则主张将文化分为物质、制度、风俗习惯以及思想与观念。本节就从更宽泛的角度出发，对文化进行不同的分类。

① 转引自严明.跨文化交际理论研究[M].哈尔滨:黑龙江大学出版社,2009:2.
② 金惠康.跨文化交际翻译续编[M].北京:中国对外翻译出版公司,2004:35.
③ 辜正坤.互构语言文化学原理[M].北京:清华大学出版社,2004:142.
④ 张岱年,程宜山.中国文化争论[M].北京:中国人民大学出版社,2006:1-2.

一、知识文化与交际文化

根据文化内涵的特点,可将文化分为知识文化和交际文化。

《辞海》指出,"为便于区分,人们习惯上将文化分为两类,把社会、政治、经济、文学、艺术、历史、哲学、科技成就等称为'知识文化'(intellectual culture);把社会习俗、生活习惯、思维方式及行为准则等称为'交际文化'(communicative culture)或'常识文化'。"①

所谓知识文化,是指在跨文化交际中不直接产生严重影响的文化知识,主要以物质表现形式呈现,如艺术品、文物古迹、实物存在等。所谓交际文化,是指在跨文化交际中直接发生的影响,在语言中隐含有文化信息,主要以非物质为表现形式。换句话说,交际文化主要是指在跨文化交际中有直接影响的文化信息。

在交际文化中,社会习俗、生活方式等易于被察觉和把握,相对比较外显,因此可以将它们称为"外显交际文化"。而世界观、价值观、思维方式、情感态度等不易被察觉和把握,属于较深层次、隐含的文化内涵,但却是非常重要的文化因素,因此可以将它们称为"内隐交际文化"。内隐交际文化决定着人们如何对事物、他人做出反应,这种反应出于何种心理动机;决定着一种文化看重什么,并如何感知外部世界。

很显然,相较于知识文化,交际文化更需要学者给予密切的研究和关注。而在交际文化中,对内隐交际文化的研究又显得更为重要。因为只有深入研究不易察觉的、较为隐含的内隐交际文化,了解和把握交际对方的价值取向、心理结构、情感特征等,才能满足深层次交往的需要,如政治外交、商务往来、学术交流等。

下面来了解一下文化的组成模式,如图 1-1 所示。

---

① 闫文培.全球化语境下的中西文化及语言对比[M].北京:科学出版社,2007:30.

表层知识文化: 文学、艺术（美术、雕塑）、音乐、影视、建筑、文物等

底层知识文化: 哲学、经济、科学、历史、法律、教育、语言学等

外显交际文化: 生活方式、行为准则、社会习俗、道德规范

内隐交际文化: 价值观、情感与态度取向

内隐交际文化: 世界观、信仰

内隐交际文化: 思维模式

图 1-1　文化组成模式

（资料来源：闫文培，2007）

二、物质文化、制度文化和精神文化

根据当今比较流行的"文化三分法"，可将文化分为物质文化、制度文化和精神文化三种类型。

物质文化是人类在社会实践中的物质生产活动以及产品的总和。物质文化是文化的基础部分，它以满足人类最基本的衣食住行等生存需要为目标，为人类适应和改造环境提供物质装备。物质文化直接对自然界进行利用与改造，并最终以物质实体反映出来。

制度文化是指人类在社会实践中建立的、用以调节内部关系，以便更有效地协调行为去应对客观世界的组织手段。制度文化包含人们共同遵守的规章制度、法规等。人类之所以高于动物，其根本原因在于人类在创造物质财富的同时，创造了一个服务于自己、同时又约束自己的社会环境，创造出一系列用以调节内部关系，从而更有效地应对客观世界的组织手段。

精神文化又称为"观念文化"，它是由人类在长期的社会实践活动和意识活动中孕育出来的，它是文化的内核，不仅包含与社会制度结构相对应的意识形态，同时还包含与风俗行为相对应的社会观念文化。具体而言，精神文化"是文化的意识形态部分，是人类认识主客观关系并进行自我完善和价值实现的知识手段，包括哲学、文学、艺术、道德、伦理、习俗、价值观和宗教信仰等"。①

① 张公瑾，丁石庆. 文化语言学教程[M]. 北京：高等教育出版社，2004：20.

三、高语境文化与低语境文化

根据文化对语境的依赖程度,文化可分为高语境文化与低语境文化两种。

语言是人类交流最主要的工具,而人们的交流总是在特定的语境中进行的。语境(context)指的是语言交际以及非语言交际发生时的社会、历史、文化的背景,以及交际现场的时空环境(口语和体态语)或文本中的上下文(书面语)。

在不同的文化中,人们通过语境进行交际的方式及程度就存在着差异,而这种差异制约着交际的顺利进行。也正是根据这种差异,霍尔(Edward T. Hall)将文化分为高语境文化(high-context cultures)和低语境文化(low-context cultures)。高语境文化指的是对语境的依赖程度较高、主要借助非语言符号进行交际的文化。高语境文化中的信息大多存在于自然环境中或交际者的头脑里,只有极少数信息是以符号代码的形式清晰而外显地加以传递的。低语境文化指的是对语境的依赖程度较低、主要借助语言符号进行交际的文化。不同于高语境文化,低语境文化中的大量信息借助清晰外显的符号代码来传递。高语境文化与低语境文化之间的差异具体体现在以下几个方面。

第一,与高语境文化相比,语言信息在低语境文化中显得更为重要。低语境文化中的成员在进行交际时希望对方的表达能尽量明确、详尽,否则就会因信息有限而产生困惑。

第二,由于低语境文化中的成员在交际过程中需要借助更多的语言符号,因此高语境文化的成员常认为事实胜于雄辩,有时一切可尽在不言中。

第三,两种语境中的成员在交际过程中很容易发生冲突。这是因为高语境文化成员在与他人交往时往往不那么直接明了,而低语境文化成员与他人交往时往往简单直接,因此很容易产生误会,进而发生冲突。

四、高层文化、民间文化与深层文化

根据文化层次的高低，可将文化分为高层文化、民间文化和深层文化。

高层文化是指相对高雅的文化内涵，如哲学、历史、文学、艺术等，因此又称"精英文化"。

民间文化指的是与人们生活密切相关的文化内涵，包括生活方式、风俗习惯、交往方式、社会准则等，因此又称"通俗文化"。

深层文化指的是那些隐而不露，但起指导作用和决定作用的文化内涵，如价值取向、世界观、态度情感、思维模式、心理结构等，因此又称"背景文化"。

五、主导文化与亚文化

依据文化的共性与个性差异，可将文化分为主导文化和亚文化。

主导文化又称"主流文化""主体文化"，是一个国家、一个民族或一个语言群体所共享的主流文化特征。从交际的角度来讲，主导文化指的是在人们日常生活和交际中起主导作用的文化因素，具体包括同一文化群体共同认可和遵循的思维方式、价值观念、行为规范、生活方式、交际规则等。

亚文化又称"副文化"，指的是不同民族、地区、社会团体乃至不同职业和不同年龄阶段的人群所持有的文化特征。因此，少数民族的、地方性的、个别群体的文化都可以称为"亚文化"。

主导文化与亚文化反映的是同一个政治共同体内的文化价值差异与社会分化状况。

六、行业文化

行业文化是依照社会现有的行业和门类的不同而划分出的

各种文化,如娱乐文化、服饰文化、建筑文化、饮食文化、茶文化、酒文化都属于行业文化。企业文化与行业文化具有相关性,但涵盖又略有不同。对于企业文化的内涵,通过其名称就能明了,因此这里不再详述。

第三节　文化的特点

文化的特点是文化本质的重要体现。因此,对文化的特点有一个基本的把握有助于深层次探讨文化的本质问题。下面就从几个层面来分析和研究一下文化的特点。

一、主体性

文化是客体的主体化,是主体创造性的外化。文化具有主体性的特点,这主要是受人的主体性制约的。所谓人的主体性,是指人作为文化活动与实践活动的主体的质的规定。[①] 人的主体性往往体现在与客体的交互作用中,产生一种自主性或者自觉性,这些都对文化的主体性有决定作用。文化的主体性主要有如下表现。

第一,文化主体的目的性与工具性的辩证统一。如前所述,文化是主体创造的外化,因此这必然会体现主体的目的性,从而保证人的全面自由的发展。同时,文化也是实现人全面自由发展的手段和工具,如果没有文化这一工具,那么人的全面发展也就无从谈起了。

第二,文化主体的生产性与消费性的辩证统一。生产的目的是为了消费。而人类生产和创造文化也是为了对其进行消费,其中文化的生产与创造是手段,而对文化进行消费是目的。

---

① 徐华,周晓阳.论文化的基本特征[J].南华大学学报,2012,(4):23.

二、实践性

实践是人类创造文化的自觉能动性的活动,而文化是人类实践活动的内在图式。文化具有实践性,这主要体现在两个层面:一是实践决定着文化;二是文化对实践有反作用。

首先,实践决定文化。人类的实践方式对文化的性质有决定作用。在人类的实践方式中,物质生产方式占据着基础的地位,而物质生产方式最终决定文化的性质。另外,社会实践的结构层次对社会文化的结构层次有决定作用。

其次,文化对实践有反作用。这是由于实践往往在特定的文化中进行,如果没有这些文化背景,那么实践就很难进行下去。另外,文化对实践有着一定的指导作用,有了文化作指导,实践才能得以成功。

可见,文化与实践相辅相成,这也明显体现了文化的实践性。

三、历史性

文化的历史性就在于它动态地反映了人类社会生活和价值观念的变化过程。换句话说,文化的依次演进实际上是一个“扬弃”的过程。也就是说,文化的不断发展实际上是对既有的文化进行批判、继承和改造的过程。在某些历史时期,这些文化被认为是先进的文化。在后来的历史时期,可能这些文化就失去了先进性,成为落伍、落后的文化,并且被更为先进的文化所取代。[①]例如,汉语中的“拱手”就是典型的例子。在历史上,“拱手”是男子相见时表示彼此恭敬的一种礼节,该词产生于传统的汉民族文化现象中。然而,由于历史的发展和变迁,这种礼节上的动作到今天已经基本上不用了,当前社会中人们相见时的礼节一般为握

---

① 殷莉,韩晓玲.英汉习语与民俗文化对比[M].北京:北京大学出版社,2007:4.

手、鞠躬等。因此,"拱手"一词在当前社会已经不具备实际意义了,而只是作为文学作品中用来传达某种情感意向的符号而已。

文化发展的基本趋势是随着历史的前进而不断进步的,但是在某个历史阶段上也会出现文化"倒退"的现象。例如,我国明清时期"文字狱"对文化的禁锢;欧洲黑暗的中世纪对文化的专制。但这只是文化发展过程中的暂时现象,不会改变文化随着时代的发展而不断进步的历史趋势。

四、社会性

文化是一种社会现象,因此它具有社会性。文化的社会性主要体现在以下两个层面。

(1)相对自然而言,文化是人们创造性活动的产物。例如,树根、冰块、贝壳、苇草等自然物品经过人们加工之后变成了树雕、冰雕、饰品、草鞋等文化物品。

(2)相对人类行为而言,文化对人的行为有着重要的规范作用。一个人从小在什么样的文化环境下生活,他的言谈举止也就会被纳入什么样的轨道中。同时,人们也可以在文化的轨道中掌握多种多样的处世规则,因此可以说人既是社会中的人,也是文化中的人。

五、创造性

文化的灵魂在于创造。文化是文化主体进行实践、加以创造的产物,因此文化具有创造性。当人们在认识世界、改造世界的过程中,文化得以产生。在这之中,人不断地创造文化,而文化也在不断地塑造人。可见,创造性是文化的本质特点。

六、系统性

所谓文化的系统性,是指一种文化就是一个自成体系的文化系统。这一文化系统包括物质文化、制度文化和心理文化等内容。其中,"物质文化是外显性的,是文化的基础;制度文化是文化的关键;心理文化则是文化的主导与核心。三者相互联系、相互作用,共同构成了一个完整的文化统一体。"①

物质文化属于表层文化,如饮食文化、服饰文化、茶文化、工艺品文化、建筑文化等。制度文化属于中层文化,如人际关系中的礼俗文化、行为方式等。心理文化由人类在社会实践和意识活动中长期形成的价值观念、思维方式、宗教信仰、社会心态以及审美情趣等多种因素构成。心理文化将与人类息息相关的内容借助一定的媒介升华为精神性的观念形态,故又被称为"心态文化""观念文化",属于深层文化的内容。

七、变化性

文化是人们满足自身需要的结果,因此会不断适时地进行调节,这就是文化的变化性特征。对于这一点,可以从以下两个角度理解。

(1)从历时角度来说,由于受到政治的变更、经济发展的影响以及外来文化的冲击,不同时期的文化也相应发生了巨大的变化。例如,古代对美的评判就有所不同,楚汉时期以纤细为美,唐朝时期以丰腴为美。

(2)从共时角度来说,文化的发展源于技术的发展以及新发明的出现。例如,电脑、电话、电视、互联网的出现给人们的思维方式和行为方式带来了很大的变化;飞机、火车、汽车的出现也改变了人们传统的交通方式等。

八、传承性

文化具有传承性,这是由文化的内在需求和价值决定的。不

---

① 殷莉,韩晓玲等.英汉习语与民俗文化[M].北京:北京大学出版社,2007:6.

管是交际文化还是知识文化,物质文化还是精神文化,都是某个民族长期社会历史活动的经验总结和思想结晶,对于后人来说都是一笔巨大的精神财富,具有巨大的文化价值和重要的指导意义。①

文化有其传承的途径。文化并非都是虚无缥缈的,大部分的文化都有其物化的载体。即便是抽象的思想内容也可以通过其他的语言载体进行记录和传承。文化传承的途径主要有两个。

(1)通过一代又一代人的口口相传或亲身实践。换句话说,就是通过年轻一代对学校的教育训导及父辈的言传身教进行学习和模仿,逐渐掌握并实践老一代的行为准则、道德规范等。

(2)通过书面语言来进行传承。几乎所有的国家和民族都会将其文化传统以书面语言的形式记录在相对易于存放、可长期保存的介质(如竹简、纸张、羊皮纸等)上。正因为如此,人们今天才可以通过浩如烟海的书籍来学习和了解众多国家多姿多彩、灿烂辉煌的文化。

九、民族性

各民族的文化共同构成了人类文化的总体,因此从不同民族的角度来分析,文化具有明显的民族性特征。由于各个民族生存环境、社会经济水平以及文化积累程度不同,形成了民族文化鲜明的"特异性"。

民族是一个社会共同体,因此越古老的文化,其民族性就越强。例如,中华民族是以汉族为主体的拥有 56 个民族的大家庭,而其中每一个民族都有其自身的特色,如蒙古族善于骑马射箭,维吾尔族擅长歌舞等。

同样,西方国家的各个民族文化中也体现了民族性的特征。例如,希腊民族和犹太民族对待宗教的态度就是大不相同的。前

---

① 闫文培.全球化语境下的中西文化及语言对比[M].北京:科学出版社,2007:37.

— 15 —

者在处理人与神的关系时,始终追求的是人与神的自然和谐统一;而后者将上帝看成是万能的,因此宇宙中的万物尤其是人类都受到上帝的支配,尽管人类有着无穷的智慧,但是也不能触犯神威,这种对神绝对服从的思想变成了犹太民族根深蒂固的文化心理。这就是文化的民族性。

第四节　文化的功能

文化是一种非常复杂的社会现象,具有多个层面的功能,即包含化人功能、育人功能、经济功能、政治功能、社会动力功能以及社会稳定功能。下面就对这些功能逐一进行论述。

一、化人功能

文化具有精神属性,这既能够使人与动物相区别,也是精神生产的结果。而文化的精神属性就决定了文化具有化人的功能,这是最持久、最古老的一项功能。所谓化人,顾名思义就是对人进行改造,包含教化、美化、感化、熏陶、塑造等意义。一般而言,文化的化人功能主要体现在以下两点上。

(1)如果文化是先进的、积极的,那么它的化人功能也是正面的。通过这些先进的、积极的文化,人们可以愉悦自己的身心、启蒙自己的心智、提高自己的幸福感,从而使自己获得精神上的满足。由于先进的、积极的文化往往在理论上具有指导力、在道德上具有教化力、在舆论上有导向力等,而这些恰恰能够满足人们的需求,因此这些文化就成为了人们无穷无尽的精神动力,推动着人们走向光明。

(2)如果文化是落后的、消极的,那么它的化人功能就是负面的。这种落后的、消极的文化会让人感到精神萎靡、失魂落魄。这就好比一个沉溺于网络的人往往是不会有理想的;一个意志力不坚强的人往往是经不起诱惑的。

从这两点对比中不难发现,我们应该不断发挥文化化人的正面的、积极的功能,用文化去温暖人心,舒缓人们的压力,提升人们的品味,从而使人们的精神世界丰富起来。

二、育人功能

文化具有知识属性。这是因为,一提到文化人就是指代"知识分子",一提到文化就是学习知识。从这点上来说,文化就是知识,是知识不断积累、不断进步的过程。

正是文化的知识属性使文化具有了育人的功能。在这里,育人并不仅仅是教育人,而更重要的是改变人、培育人以及提升人的水平。具体来说,文化的育人功能主要包含以下三点。

(1)文化知识可以使人不断进化。知识是人们从愚昧走向文明、从无知走向博学的手段和工具。而人与动物相区别的重要一点就是,人是具有知识的,是有文化生命的存在。

(2)文化知识可以不断塑造人。首先,如果某人生活的环境充满了浓厚的文化氛围与环境,那么这个人就会潜移默化地被影响。其次,现代健全的教育体制使人们通过各种文化知识的学习,不断塑造自己的人格。

(3)文化知识可以不断提升人的能力和素质。人们通过对各种知识的掌握,其创造能力会不断得到提升,逐渐从体力劳动者向脑力劳动者转变,这就推进了他们整体素质的提升。

三、经济功能

在商品经济条件下,由于文化是一种劳动产品,因此就具备了经济功能。商品是人们用来交换的劳动产品,而文化是人们社会分工与精神生活的产物,如果为了满足其他人们的需要而用于交换,那么文化就必然成为了一种商品,也就同时具有了经济功能。文化的经济功能主要表现在以下两个层面。

（1）文化产业化。文化的经济功能推动着文化产业化的形成。由于文化产业对环境、资源等损害较小，并且具有较高的科技含量，因此成为了当前的"朝阳产业"。

（2）文化经济一体化。由于国际间交往日益频繁，文化与经济逐渐交融，这推动着文化经济一体化的进程。一方面，文化因素使得物质产品趋向于多样化；另一方面，文化因素使物质产品具有了附加值。

总之，文化逐渐成为了经济社会发展的重要支柱，这就是文化的经济功能。

四、政治功能

从意识形态上说，文化是其重要的表达方式。而意识形态是对社会经济形态、政治制度等的直接的、系统的反映，这就使文化具有了政治功能。这主要可以从以下两点进行分析。

（1）经济基础决定上层建筑，上层建筑对经济基础有巨大的反作用。政治是意识形态的重要组成部分，是通过对社会观念进行整合、将社会思想进行统一来保证人们得以生存的经济基础。

（2）意识形态服务于政治。一旦人们的意识形态产生，那么就必然会为统治阶级及伴随的社会制度辩护，对那些不和谐的因素进行排挤与驳斥，这对于凝聚社会力量有着极大的意义。

当前，由于世界上的意识形态领域处于激烈的斗争阶段，因此我国要对文化的意识形态有一个清晰的认识，以便发挥出文化的政治功能。

五、社会动力功能

文化对经济社会发展有推动作用，因此文化具有社会动力功能。在当今社会，文化对一国的综合竞争力有着直接的影响，并逐渐成为当今社会的支柱产业。文化的社会动力功能主要体现在以下两个层面。

（1）文化对经济社会发展有支撑作用。没有文化的参与，人们不可能脱离愚昧的状态，也不可能走向文明。随着文化的不断进步，社会经济也不断获得了发展的动力。可见，没有文化作为支撑，经济也就不能得以发展。

（2）文化对社会协调发展有支撑作用。当文化得以发展时，它的功能就会凸显出来，也必然会推动着社会的协调发展。

六、社会稳定功能

文化具有保持社会稳定的功能。对于整个社会而言，文化有助于促进人们的认同感与归属感。文化氛围对社会的运行机制有规范的作用，同时引导着人们的心理。这种引导可能是积极的、向上的，也可能是消极的、落后的。如果是积极的、向上的文化，对社会和谐有着强大的推动力，有助于保持整个社会的和谐与稳定；如果是落后的、消极的文化，很可能造成社会的倒退或者滑坡。因此，在当今社会，人们应该凝聚力量、统一思想、坚定信心、美化心灵，推动社会的改革与发展，维持社会的和谐稳定。

第二章

英汉文化对比

　　受地理背景、发展历史等因素的影响,英汉文化之间呈现出了巨大的差异,这些差异在很多方面都有很好的体现,如思维模式的差异、价值观念的差异、时间观念的差异、空间观念的差异等。基于文化和语言的密不可分的关系,对文化对比进行研究有利于为英汉互译奠定坚实的基础。本章就围绕英汉文化方面的问题进行探讨分析,先分析英汉文化差异,然后论述英汉文化对比研究。

第一节　英汉文化差异

　　英汉两种文化在诸多层面都存在着明显的差异,对这些文化层面的差异进行分析能够更好地为各个层面文化要素相关的互译提供宏观的理论指导。下面就从以下几个方面对英汉文化差异进行探讨。

一、英汉心态文化差异

(一)英语文化"求变"的心态

英语文化中的人们"求变"的心态比较普遍,尤其在美国文化中表现得尤为突出。事实上,英语文化下人们倾向"求变"的心态和他们崇尚个人主义的理念有着直接的关系。

在英语文化下的人们看来,事物是变化的,而且是永不停止的。变化表现为不断打破常规、不断创新的精神。他们不满足于已取得的成就,不甘受制于各种条件的限制。他们在意的是变化、改善、进步、发展与未来。在他们看来,没有变化就没有进步,没有创新就没有成就,没有发展就没有未来。例如,在美国,整个国家都充满着这种打破常规、不断创新的精神。喜欢另辟蹊径,热衷于冒险探索,是西方人"求变"的突出表现。

在西方历史文化中,到处充满了人们冲破传统的轨迹,标新立异的成功。当然,变化的背后是危险和破坏,但西方人将这些东西看作创造性的破坏,这样的破坏是创造的开始。也正是这种"求变"的价值取向,西方社会一直都处在创新的氛围中。

此外,英语文化下人们的"求变"心态还体现在他们不同形态的流动上,他们的职业选择、事业追求、求学计划、社会地位、居住地域都在频繁地流动。西方从来都不缺少从社会最底层通过努力拼搏而成为成功人士这样的故事。历史上著名的西部大开发激发了人口大流动,留下了很多个人奋斗、创业有成的奇迹;微软公司的创始人比尔·盖茨中途辍学,创业成功,是美国精神的典范;麦当劳创造了连锁经营的创业模式,不但为人们提供了一种适应快节奏的快餐,更为人们提供了一种白手起家、平民创业的机会。这些都是追求"求变"所产生的效应,也是西方人价值观的集中表现。

(二)汉语文化"求稳"的心态

汉语文化下的人们呈现出典型的"求稳"心态,这种心态在很大程度上和群体主义取向有着直接的联系。受儒家中庸哲学思想的影响,中国人习惯在一派和平景象中"相安无事","知足常乐",习惯接受稳定,相信"万变不离其宗",主张"以不变应万变"。

在中国人的心目中,"求稳"的观念和心态已经深深扎根。而且中国社会就是在"求稳"的观念下不断发展进步,不论大家(国家)还是小家(家庭)都希望稳定和谐。

实际上,一个社会不可能固守不变,关键看为什么变、如何变、变得怎么样。中国几千年的封建社会不断改朝换代,一直发生变化,但是在"祖宗之法不可变"的精神支配下,这种变化本质上是"一治一乱"的天道循环,基本的社会制度和格局并没有变化,也没有创新。"统一和稳定"在中国历朝历代都是头等大事,是社会发展的根本保障。其实,我们可以将中国的历史用"合久必分、分久必合"来概括,"分"是表象,"合"是永恒。不可否认,中国几千年来正是在"稳定"中求生存,求发展,求进步的,而这也很好地解释了为什么中华民族的文化得以延续并完整地保存了下来。

改革开放以来,中国的经济飞速发展,国际地位和综合国力也迅速上升,并取得了举世瞩目的成就。而这一切始终都是在稳定中求发展,国家始终将维持安定团结的局面放在首位,强调"稳定压倒一切",坚持"发展是硬道理"。这种"渐变"式的发展模式符合中国的国情,也符合中国文化的特质。

二、英汉思维模式差异

在漫长的历史发展长河中,人类逐渐将他们对客观现实的认识具体化成了经验和习惯,然后在语言的辅助下形成了思想。在思想形成的过程中,人们赋予了它一定的模式,然后就有了一种特定的思维形态。思维模式作为文化的一部分,不同的民族不仅在文化上存在区别,在思维方式上也存在很多差异。

历经千百年的发展,一个民族群体逐渐形成了特定的语言心理倾向,这种语言心理倾向通过思维模式的差异表现出来。因此,每一种语言都体现着使用该语言民族的思维特征。在漫长的发展过程中,受特定的历史条件和生存环境,包括自然环境、地理条件、气候条件等的制约,以及生活条件和经济社会制度等的制

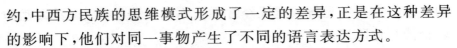

约,中西方民族的思维模式形成了一定的差异,正是在这种差异的影响下,他们对同一事物产生了不同的语言表达方式。

英汉文化下的人们在思维模式的诸多层面都存在着明显的差异。下面将结合两种文化下人们在思维模式层面比较显著的特点进行分析。

(一)思维路线差异

英汉思维路线方面的差异主要表现为英语文化下的直线性思维和汉语文化下的螺旋形思维。

1."直线型"的英语思维

英语文化下的人们受长期所使用的线型连接和排列的抽象化文字符号的影响,他们的思维线路一步步地发展成直线型,并具有明显的直线性特点。

就英语文化下的人们论文写作的思维方式来看,他们通常会在论文文章的开头表明观点,而且文章总是会有一个固定的中心论点,文章中所有的论述都是围绕这一中心论点展开;而且,在语言的运用方面,西方人也不愿意重复前面已经使用过的词语或句式。语言运用呈现出态度明确、直抒主题的典型特点。

英语文化下的人们在说话时,通常也都喜欢直接表达,而且说话的立场前后一致,不会用不相关的信息对真实事实进行掩盖。

2."螺旋型"的汉语思维

汉语文化下的人们则以整体性思维模式为主,并受到整体性思维模式的影响,将事物作为整体进行直觉综合,和形式论证相比,汉民族更看重领悟。这种思维模式下的人们观察事物时采用的是散点式方式,这种思维路线呈螺旋型,是螺旋型思维。

从行文方式方面来看,中国人撰写文章往往采用以笼统、概括的陈述开头的方式。段落中常含有似乎与文章其他部分无关的信息。作者的见解或建议经常要么不直接表达出来,要么就是轻描淡写地陈述。

从语言的思考和运用上来看,常会反复使用前文用过的词语或句式。因此,在语言表达上呈现态度模糊、模棱两可的特点。无论是说话还是写文章时,中国人将思维发散出去之后还会再收回来,做到前后照应、首尾呼应。在这种螺旋型思维下就会出现一种现象,那就是讲话人不会直接切入主题,而是反复将一个问题展开,最后再总结。

(二)思维方法差异

从思维方法方面来看,英汉民族也存在着诸多的不同。具体体现在英语思维的"抽象性"和汉语思维的"具象性"。

1. 英语思维的"抽象性"

在英语文化中,人们的思维方法具有抽象性的特点,其抽象思维较发达,在研究问题时喜欢建立概念体系、逻辑体系。因而"尚思"也是其思维的一大特征。西方民族使用的是由图形演变而来的拼音文字,这种类型的文字通过没有意义的字母的线形连接构成单词这种有意义的最小语言单位,然后再通过一个个单词的线形排列组成短语、句子和篇章,因此拼音文字缺乏象形会意的功能,使用西方拼音文字的民族也就不容易形成形象思维。

同时,根据辜正坤的观点,这种文字强调了人的智力运行轨迹,其书写形式造成一种回环勾连,如溪水长流斩而不断的流线效果,容易诱导人们去注重事物的联系性。这种状态和语法形式共同起作用,极大地强化了印欧语系民族对事物的表面逻辑联系的感知能力。抽象的书写符号和语音形式与现实世界脱节,容易迫使印欧语系的民族在更多的场合脱离现实世界来进行抽象的纯粹借助于符号的形而上思考。

2. 汉语思维的"具象性"

在汉语文化中,人们的思维方法具有具象性的特点,他们习惯在思考时联系外部世界的客观事物的形象,并结合在大脑里复现的物象进行思考,喜欢以事物的外部特点为依据展开联想,在思维方法上就倾向于形象思维。这种思维方法在传统文化中也多具有"尚象"特征。更确切地说,汉语中常将"虚"的概念以"实"的形式体现出来,强调虚实结合和动静结合,给人一种"明""实""显"的感觉。例如,"揭竿而起""混口饭吃"这些具有文化内涵的词汇就是很好的体现。同时,汉语中的文字也蕴含着丰富的物象,"舞"字从字形上看很像一个单脚立地翩翩起舞的舞者形象。

(三)思维形式差异

英汉思维形式层面上的差异主要表现为英语文化下的逻辑实证性思维和汉语文化下的直觉经验性思维。

1.英语文化下的逻辑实证性思维

英语文化下的人们注重逻辑,其思维的传统就是重视实证,崇尚理性知识,认为只有经过大量实证的分析检验得出的结论才是科学的、客观的。换句话说,英语文化下人们形成了一种理性思维定式,其思维有很强的理性、实证、思辨色彩,注重逻辑推理和形式分析。

英语文化下的人们强调逻辑实证性的思维,在语言层面主要体现在对"形合(hypotactic)"的侧重上。简而言之,西方人注重运用有形的手段使句子达到语法形式上的完整,其表现形式需要逻辑形式的严格支配,概念所指对象明确,句子层次衔接紧密,结构严谨,句法功能呈外显性。

2.汉语文化下的直觉经验性思维

汉语文化下的人们在认识世界时,不善于追求深入思考感性认识,也不善于对现象背后事物本质的哲学思辨,他们更多地满足于对现象的描述和对经验的总结。正如连淑能所说,"中国传统思维注重实践经验,注重整体思考,因而借助于直觉体悟,即通过知觉从总体上模糊而直接地把握认知对象的内在本质和规律。"

和英语语言注重"形合"相对应,汉语注重意合。换句话说,汉语语言表现形式主要受意念引导,从表面上看句子松散,概念、推理判断不严密,但是实质上存在一定的联系,需要受众主动去理解探究,而且它的句法功能具有隐性的特点。例如:

A wise man will not marry a woman who has attainments but no virtue.

聪明的男子是不会娶有才无德的女子为妻的。

通过对本例的原文和译文进行分析,不难发现,原句中的 a, who,but 等在译文中都没有体现,汉语句子的"意合"特点显而易见。

三、英汉时空观念差异

(一)时间观念差异

1.英语文化下的"将来时间取向"

英语文化下人们的时空观念呈现出明显的"将来时间取向"。就美国来看,作为一个移民国家,美国仅有 200 多年的历史,这对于其他历史悠久的文明古国来说很短。最早到达美洲大陆的那批移民来自欧洲,他们为美洲大陆带来了新鲜的血液,逐渐开辟了整个美洲大陆,在这期间他们也形成了自己的文化,这种文化在欧洲文化的基础上改良而来,源于欧洲文化,但又同旧世界的传统文化不同。美国人在个性方面体现出追求个体独立、讲求个人奋斗、追求实利和物质享受等特点。

在他们看来,时间失而不可复得,因此他们都不太留恋过去,而是更多地关注现实生活,抓紧每时每刻享受生活。在美国人的眼中,时间是有限的,这就使得他们具有了较强的时间观念,

"Time and tide wait for no man."（时不我待）是其潜在的意识。这种强烈的时间观念使得西方人把更多的注意力放在了未来事情的规划和实现上，他们相信"A future is always anticipated to be bigger and larger."（未来总是美好的）。

2. 汉语文化下的"过去时间取向"

与英语文化下明显的"将来时间取向"正好相反，汉语文化下的人们则呈现出明显的"过去时间取向"。

汉民族具有悠久而灿烂的历史文化，中国人以此为傲，因此十分看重历史。例如，华夏族的祖先尧、舜、禹等先皇都被历代帝王所敬重；人们习惯用圣人之训、先王之道来评价个人或者事情，如"前所未有""前无古人，后无来者""后继有人"等说法。

中国人聪明智慧，善于观察，受昼夜更迭、四季交替等现象的影响，逐渐形成了一种环式时间观。环式时间观容易给人一种时间的富裕感，因此人们做事情总是不紧不慢，认为还有时间。所谓"失之东隅，收之桑榆"，中国人认为失去的东西还能有时间补回来，这就使人们渐渐形成了"过去时间取向"。时至今日，随着社会的发展，虽然人们不再过分关注过去，而是更多地关注未来，但是不可否认的是，"过去"仍然存在于人们的心中，并或多或少地影响着人们的生活。

(二)空间观念差异

空间观念指的是人们在长期生活实践中逐步形成的、有关交际各方的交往距离和空间取向的约定俗成的规约以及人们在社会交往中的领地意识。① 英汉文化在空间上的差异具体体现在领地意识、空间取向和交往距离等方面。

---

① 闫文培.全球化语境下的中西文化及语言对比[M].北京:科学出版社,2007:97.

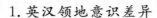

1.英汉领地意识差异

根据霍尔的观点,领地意识是一个专业术语,它用于描述所有生物对自己领土属地或势力范围的占有、使用和保护行为。领地又可以进一步分为个人领地和公共领地。个人领地是指个人独处和生活的范围,如住房、卧室等。公共领地是指家庭成员或社会成员所共同拥有的场所、设施等。英汉两种文化在领地意识方面的差异主要体现在以下几个方面。

(1)领地标识方面的差异

在领地标识方面,英汉文化也呈现出明显的差异。中国人口稠密,而且个人空间比较狭小,因此中国人习惯用有形的物品明确地将领地与公共空间隔离开来。在中国,高大的围墙、马路边的栏杆随处可见。但是在西方国家,房子与房子之间的隔离只靠矮矮的篱笆,甚至一块匾额。

(2)领地占有欲方面的差异

相比较而言,英语民族的人们的领地占有欲更为强烈,其领地概念甚至延伸到对个人物品的独占。例如,无论在工作单位或公共场合,人们都时刻明确划分和维护自己的领地范围,即使是在自己的家里,也不允许他人随意进入自己的房间。同时,他们还十分注重自己隐私的保护,不愿意别人打探自己的隐私,即便是和自己关系亲密的人。

汉民族的人们受聚拢型文化的影响,更愿意和别人分享。且中国人的隐私范围相对很小,很多在西方人看来属于隐私的,在中国人看来似乎根本算不上是隐私。例如,在医院病房中,护士常常不打招呼就进入患者房间打扫卫生,而这在西方人眼中是不能容忍的。

(3)领地受侵犯时的反应差异

英汉两种文化下的人们在领地受侵犯时的反应也存在着明显的差异。英语文化下的人们在领地受侵犯时会表现出明确的不满,并加以阻止。例如,西方人会强烈指责排队时"加塞儿"的行为。汉民族文化下的人们在领地受侵犯时的反应则相对温和一些。例如,朋友到主人家做客时,客人常会随意触动、翻看主人桌上的物品,中国人遇到这种情况常会不以为意。

2.英汉交往距离差异

交往距离又被称为"近体距离",指的是交往中交际各方彼此之间的间隔距离,包括人情距离、社会距离和公众距离。对于交往距离,英汉文化下的民族观念也存在一些差异。

(1)英语文化下的交往距离特点

英语文化下的人们常年生活在地广人稀的环境中,习惯于宽松的生活环境,因此他们很惧怕拥挤,在与人交往中也总是将自身范围扩展到身体以外,与他人保持一定的体距。通常情况下,南美、阿拉伯、非洲、东欧、中欧等地区的近体度较小,而美、英、德、澳、日等国家的近体度较大。例如,在与对方进行交谈时,英国人习惯于保留一个很大的身体缓冲带,而许多亚洲国家的人则倾向于彼此靠得很近;在公共场合,德国人总是自觉地依次排队,而阿拉伯人则倾向于一窝蜂地向前拥挤。

(2)汉语文化下的交往距离特点

汉语文化下的人们长期处于人口稠密所造成的拥挤环境中,并对拥挤的环境比较适应,且向来有"人多力量大"的观念,所以中国人对交往中的体距问题也要求不高。

3.英汉空间取向差异

空间取向指的是交际各方在交往中所处的空间位置、朝向等。空间取向最常涉及的就是座位安排问题。下面主要结合英汉两种文化在就餐和会议座位安排两方面的差异进行具体分析。

(1)就餐座位安排

在就餐座位安排方面,英汉两种文化存在一些相同点。通常而言,桌首位置一般坐的都是一家之主的男性最高长辈,桌尾位置,也就是靠近厨房的位置通常是家庭主妇的位置,方便端菜盛饭等,其他家人分坐桌子两侧。

英汉两种文化在就餐座位安排的不同之处在于,英语文化下安排餐桌座位通常以右为上、左为下,汉语文化中则以面南(或朝向房门)为上、面北(或背向房门)为下;如有夫人出席时,英语文化中的人们以女主人为主,让主宾坐在女主人右上方,主宾的夫人坐在男主人的右上方,主人或晚辈坐在下方。

(2)会议座位安排

在会议座位安排方面,在诸如商务谈判和会议等正式场合中,英汉两种文化下的就座安排基本相同,都是右为上和面向房门为上。中国人在谈正事时,尤其是谈判、商讨要事、宣布重大事项时更是要面对面隔桌而坐,批评或训斥下属则大多面对面隔桌站立。但在非正式场合中,西方人总是彼此呈直角或面对面就座,前者往往是谈私事或聊天,而后者则态度较为严肃、庄重。如果同坐一侧,就表明两人关系十分密切,通常是夫妻、恋人或密友。而中国人在谈私事、闲聊时,则无论彼此关系是否达到密切的地步,都喜欢肩并肩并排就座。

四、英汉价值观念差异

(一)个人主义和集体主义

1.英语文化下典型的"个人主义"倾向

西方国家中的人们十分推崇独立自主的个人主义,他们的价值观念就是民主、自由、平等、权利等。受这种个人主义观念的影响,西方国家人们的民主意识、平等意识、权利意识等慢慢形成并发展。西方人十分看重个人权利的维护,崇尚平等、向往自由。

个人主义价值观主导下形成的个体文化追求个体自由、互不侵犯、利益均衡,人际交往中的交际规则被看作是处理人际关系的一种策略,个体自由绝对不可以侵犯。西方人还对个人隐私十分看重,在他们看来个人隐私不仅仅是为了维护个人自由,更重要的是可以让自己在社会群体中保持完美的形象,从而获得平等的竞争和生存条件。因此,他们在谈话时很少涉及关于自己年龄或者疾病的话题,同时也比较忌讳谈论个人的财产和收入等话题。

2. 汉语文化下典型的"集体主义"倾向

中国人在整体思维模式下形成了集体主义价值观念,这种价值观念认为每个人都是群体网络中的一部分,而不像西方人所说的是孤立存在的独立个体。所以,群体之间逐渐形成了一些为各方均认可的价值观念和道德准则,如集体主义、对群体的依赖性等,以保证这种群体关系的和谐共处。这种观念在商务活动中显得尤为突出,谈判过程通常会经过团体内部反复的讨论和意见交换,才能最终达成一致。

集体主义观念指导下的人们在处理个人与集体的关系时,习惯上坚持"小家服从大家,个人服从集体"的原则,因此就产生了诸如"先天下之忧而忧,后天下之乐而乐"等具有明显的集体主义思想的话。人们在"礼"文化的教导下,懂得尊敬长者和有地位的人,知道礼让,维护上下尊卑的社会秩序。例如,在和老人打招呼时称呼"师傅""大娘""大爷"等;与有某一职位的人打招呼时,为了表示尊敬,通常会在其姓的后面加上职位名称。

中华文化十分推崇集体主义价值观,这种价值观下的人们很重视人际关系,他们相互体谅,相互关切,以诚待人。为了表示关心对方,中国人在问候别人时,常常会涉及别人的私事,或者会为了表示真诚而毫无保留地披露自己的私事,因为中国人信奉"事无不可与人言""君子坦荡荡,小人常戚戚"这种观点。但是,这些涉及个人隐私的交际语,对于西方人来说通常是不会被接受的,他们不会很乐意回答。

(二)实话实说和"爱面子"

1.英语文化下的人们倾向"实话实说"

从表达方式层面的价值取向来看,英语文化下的人们更喜欢实话实说、直截了当,总是当面讨论问题,以便达成统一认识。

英语文化下的人们一般都很有自己的主见,人云亦云的人是不会受到尊敬的,只有那些敢于表达自己想法的人才会得到人们的肯定。同时,在西方人的学习和生活中,无论是课堂上提问、挑战权威、说实话,还是直接拒绝朋友的请求等都是很简单的事情,这些行为只是会影响个人,而不会对集体产生任何影响。

在"面子"问题上,西方人偶尔也会在意,但是他们更加注重个人自由,他们只是把丢面子的事情看作一点点尴尬,而不会为此感到羞耻。在面对自己所犯的错误时,西方人更多的是感到自责,而不会不好意思,这一点在他们的日常行为中表现得尤为明显。

2.汉语文化下的人们倾向"爱面子"

"爱面子"是中国人的一大特点,这在中国逐渐被世界所认识的今天几乎成了众所周知的事情。中国人将自己的"面子"当作自己的自尊心和荣誉感,丢面子是很伤自尊和有损荣誉的。在面子问题上,中国人不仅对自己的面子很看重,同样也很尊重他人的面子,在照顾自己颜面的同时还得顾及他人的面子。在中国人看来,丢面子是件很糟糕的事情,所以不能当众对他人进行辱骂,甚至不能当众对其大吼,这样会使其陷入尴尬境地,让他们感觉很丢人。因此,为了顺利而准确地传达意见,必须要顾全他人颜面,所有的批评都应该私下谈,尽量不要当众给出。

此外,中国人在表达自己意见的时候,习惯委婉陈述,不喜欢明确表达,尤其是在表达对他人或者他人所做事情的否定意见时更是如此,他们习惯婉转表达,并且希望对方能够领会其中的意思。这样既可以为对方保留面子,同时又不会伤害双方的感情,是中国人最愿意看到的"和谐"状态。

(三)男女观念的价值取向

1.英语文化下的"女士优先"

英语文化下的人大多都有宗教信仰,人们出于对圣母玛利亚的尊重,以及受中世纪欧洲骑士作风的影响,大都对妇女比较尊重,妇女在社交场合中有格外的优势。

以美国为例,在社交场合中,女子会受到格外的待遇,男子要处处爱护、谦让妇女。例如,在吃饭或者其他场合入座时,男士应该首先请女士入座;走在马路上时,一般男子走在靠马路的一边;上下电梯中,要让女子走在前面;男女握手时,女子可以不必摘下手套,但是男子则不可以。

2.汉民族旧社会的"重男轻女"思想

在中国古代,女性的地位十分低下,男女不平等的现象十分严重,人们潜意识里重男轻女,奉崇女子无才便是德,女人要遵从"三从四德"的观念,于是就出现了旧中国妇女缠足、童养媳等社会陋习,这一状况一直持续到新文化运动时才得到改观。

新中国成立后,旧中国时的思想开始改变,人们开始强调男女平等,保障妇女权益,使女性从封建观念中解放出来。随着改革开放的开始和发展,不仅使国家的经济得到了飞速的发展,同时还为广大妇女们提供了发挥自己作用的舞台。随着市场经济体制的逐步完善,分配体系的逐步健全,市场中的各主体按劳分配,靠自己的能力吃饭,男女之别已经不太明显。例如,家庭中的女主外、男主内现象,商界中女白领、女强人现象,以及政界中的女上级等现象都十分常见。

五、英汉生活方式差异

受文化中诸多因素的影响,英汉文化下的人们在生活方式的很多层面都存在着明显的不同。在此主要结合以下方面进行具体分析。

(一)称谓语差异

在称谓语方面,中国人和西方人存在着明显的不同,下面将结合具体例子进行分析。

在对陌生人进行称呼和称谓亲属方面,英汉文化也存在很多的差异。

从对陌生人的称呼方面来看,英语文化中对陌生人的称呼较为简便。他们对男子统称呼为 Mr.,对未婚女士统称 Miss,对已婚女士统称 Mrs.。汉语文化下对陌生人的称呼有时也像对亲属的称呼一样,但针对陌生人对象的年龄、身份等的差异,其称呼也各不相同,彼此有别。例如,大爷、大娘、大叔、大婶、大哥、大姐等。

从对亲属的称谓来看,英语文化中的亲属主要以家庭为中心,一代人为一个称谓板块,而且只区别男性、女性,不区分因性别不同而出现的配偶双方称谓的差异,这体现了他们追求男女平等的观念。例如,英语中对"祖辈、爷爷、奶奶、外公、外婆"称呼只用 grandparents,grandfather,grandmother;对"伯伯、叔叔、舅舅等,姑妈、姨妈"等只用 uncle 和 aunt。

此外,英语中的表示同辈的 cousin 不分堂表、性别,而且表示晚辈的 nephew 和 niece 没有侄甥之别。与之相比,汉语文化下的亲属称谓等级分明,区分极细。

(二)面对恭维时的态度差异

英汉两种文化下的人们面对恭维的态度也存在着很大的

不同。

英语文化中的人们面对别人的恭维时一般表示谢意,通常不会推辞。例如:

A:You can speak very good French.

B:Thank you.

A:It's a wonderful dish!

B:I am glad you like it.

而汉语文化中的人们受到传统文化的影响,强调谦虚谨慎的为人处世态度,在得到别人的恭维或夸奖时往往会推辞。例如:

甲:您的英语讲得真好。

乙:哪里,哪里,一点也不行。

甲:菜做得很好吃。

乙:过奖,过奖,做得不好,请原谅。

(三)询问和回避私事差异

在对待私事问题方面,英语文化下的人们通常给予回避,而汉语文化下的人们则习惯与别人谈论一些"隐私"的行为。

英语文化下的人们受个人本位主义的影响,其行为往往以个人主义为中心,认为个人的利益神圣不可侵犯,因而其对个人隐私也十分重视。例如,在人们谈话中,涉及个人隐私问题的话题如收入、年龄、婚姻、宗教信仰等都属于禁忌,如果询问这些问题,通常都是很冒昧或失礼的。

汉语文化下的人们则不同,他们喜欢聚居,住得往往很近,也接触得较为频繁,并且文化中团结友爱、互帮互助的集体主义观念比较浓厚。受这种环境的影响,人们习惯与别人谈论自己的喜悦和不快,同时也愿意了解他人的欢乐和痛苦。尤其是在我国传统习俗中,长辈或者上司询问晚辈或下属的年龄、婚姻家庭等,通常会被理解为关心,而不是窥探他人"隐私"的行为。通常情况下,上司与下属的关系很近时才会询问上述问题,而下属不会感觉是在侵犯自己的隐私,反而会感觉上司很和蔼亲切。

(四)回答提问的角度差异

英语文化中的人们回答提问往往依据事实结果的肯定或否定用 yes 或者 no 来回答别人的问题。例如:

A：You're not a student，are you?

B：Yes. I am.

（"No. I am not. "）

汉语文化下的人们回答提问习惯于以肯定或否定对方的话来确定"对"或者"不对"。例如:

甲：我想你不到 20 岁，对吗?

乙：是的，我不到 20 岁。

（"不，我已经 30 岁了。"）

(五)接收礼物的态度差异

面对客人的礼物,英语文化中的人们通常都是当着客人的面马上打开,并对这些礼物表示称赞。例如:

Thank you for your present.

Very beautiful! Wow!

What a wonderful gift it is!

汉语文化下的人们则不然,其收到礼物时多会说一些表示推诿的话。例如:

让您破费了。

哎呀，还送礼物干什么?

真是不好意思啦。

此外,汉语文化下的人们都是在收到客人礼物时先把其放在一旁,待客人走后才会拆开。

六、英汉教育文化差异

(一)教育方式差异

从教育方式来看,英汉民族的教育方式也存在差异。具体体现在英语文化下的"尝试式教育"和汉语文化下的"灌输式教育"。

1. 英语文化下的"尝试式教育"

学生可以进行尝试性学习是西方教育方式的一大特点。所谓的"尝试性学习",具体指的是先让学生尝试体验学习,通过这一过程让他们发现其中的问题,然后通过解决这些问题而逐步积累经验。随着经验的积累,学生就会逐渐有属于自己的学习成果,这时学习的自信心也会增强。

2. 汉语文化下的"灌输式教育"

中国传统文化下的教育模式以"灌输式教育"著称。甚至在某种程度上可以说,这种教育方式在当今中国的学校教学中仍然占有主导地位。

灌输式教育就是先将前人的经验告诉学生,然后学生在已有的成功经验基础上进行操作,整个学习和实践活动都是在实践的指导下完成的。但是,这种教育方式也存在着很大的弊端,由于学生难以跳出前人经验的影响,造成了中国学生创造性思维的欠缺。

(二)教育内容差异

从教育内容层面来看,英语文化下的教育内容呈现出明显的"广博"特点,汉语文化下的教育内容呈现出典型的"精英"特点。

1. 英语文化下的"广博"教育

英语文化下的教育内容更加看重知识掌握的"广"和"博",强调学生对知识的灵活运用,重视学生创造力的培养。西方教育不是给学生灌输知识,而是对知识点做简要的讲解,点到为止,而学生在完成学习任务的情况下,可以有更多的选择空间。例如,如果学生感觉在学习物理或化学上有困难,就可以选择一些更基础的课程。

2. 汉语文化下的"精英"教育

与英语文化下的教育内容"广博"的特点恰恰相反,中国的教育是以"精英"教育著称,只有那些"精英"才能够得到继续深造的机会,而那些不能够把知识学得精深的人则会被淘汰。中国教育重视基础知识的巩固,教学方式以知识灌输为主,教学的主要目的就是让学生能够熟练掌握知识。例如,学习数学时,教师最常采用的是题海战术,让学生重复练习,直到熟练掌握为止。

(三)"教"与"学"差异

在"教"与"学"的关系这一层面,英汉文化也存在着明显的不同,具体有如下体现。

1. 英语教育文化下的"教"与"学"

关于西方教育的"教"与"学"问题,以美国教育为例进行介绍。美国的高等教育尊重学生的个性,而且校园文化也以实用主义观念和以自我为中心的个人主义为主。例如,美国的大学教育给学生提供了很多的自由学习空间,如通过弹性学制,学生可以自主选择学习方式,并自主调节学习和生活。

在追求平等价值观念的影响下,教师和学生之间的关系很平等,因而关系也十分紧密,课堂氛围轻松愉快。此外,学校的教学方式也多种多样,如个案讨论、辩论赛等。

2. 汉语教育文化下的"教"与"学"

长期以来,中国的教育模式就比较落后,教学方法也很单一。

课堂上教师的主要任务就是给学生灌输知识,而学生的主要任务就是被动地接受教师的灌输。教学方式上仍然是传统的课堂提问和布置课后作业。由于学生只能进行机械的记忆,因此他们的认知能力和动手能力都很差,这样培养出来的学生综合素质都不太高。

(四)对待学生业余生活的理念差异

英汉教育文化中对待学生业余生活的理念也存在着明显的差异,具体如下所述。

1.西方教育中对待学生业余生活的理念

在西方的学校教育中,学生的业余生活十分丰富,社团活动也很多,学生一般都会积极参加。以美国为例,美国绝大多数大学都很赞同学生组织课外活动,有的甚至会资助学生进行一些校外的团体活动,这些活动一般都是学生自己组织的,学校很少参与组织。这种情况下学生可以完全按照自己的兴趣和爱好组织策划,在活动中更能够体验快乐,获得技能。

2.汉民族教育中对待学生业余生活的理念

汉民族教育中的业余生活就不如美国学生那样丰富多彩。中国大学生的业余活动一般比较单一,即使有也是有组织、有计划的活动。这些活动要么是在教师的指导下进行,要么是社团统一组织,且都是可供学生选择参加的。由于受不同教育观念的影响,大多数中国学生仍然认为学习才是自己的第一任务,所以参加这些活动的学生并不是很多,对社会生活知识和社会实践的热情度很低。

但是近些年来,随着文化交流与融合的不断频繁,有些教育观念也略有变化,一些教育的资源开始被共享,我国的一些教育理念也迎合时代的发展趋势在逐步进行改革,力求与时俱进。

第二节　英汉文化对比研究

通过对以上英汉文化各个层面的差异进行对比分析,不难发现,英汉文化虽有共性,但是差异更为明显。有些流淌在民族血液里的文化传统甚至有着强劲的持续性,因而,要想更好地实现文化的传播与交流,对文化差异进行对比研究就十分必要。就目前来看,国内外关于文化各个层面差异的对比不少,但是对于英汉文化对比的研究还有待于进一步深入。本节就对英汉文化对比研究的相关问题进行论述。

一、英汉文化对比研究的具体阶段

英汉文化的交流开始于西汉开辟的丝绸之路,但是从真正意义上而言,我国对英汉文化进行对比研究是在鸦片战争西方强行打开中国国门之后,国内外列强的入侵也激发了国人开始思考不同民族文化层次的相关内容。同时,政治、经济的变革也对文化研究的兴起起了推动和促进作用。

根据中国翻译协会理事左飚的观点,英汉文化对比研究大致可以分为以下几个具体阶段,如表 2-1 所示。

表 2-1　英汉文化对比研究的具体阶段

阶段	阶段起止	阶段特征
第一阶段	1840 年—1919 年（鸦片战争到五四运动）	"洋务派"与"维新派"的论争为主要特点。
第二阶段	1919 年—1949 年（五四运动到新中国成立）	该阶段以"全盘西化"与"中国本位"、单元文化与多元文化的论争为主流。
第三阶段	1949 年—1978 年（新中国成立到文化大革命结束）	这一阶段的文化对比研究处于沉寂期。

续表

阶段	阶段起止	阶段特征
第四阶段	1978 年—至今（从文化大革命至今）	英汉文化对比研究再度升温并逐步体系化。

事实上,还可以对最近 30 年的英汉文化对比研究做进一步划分,具体如表 2-2 所示。

表 2-2 近 30 年英汉文化对比研究的日历年代

年代序列	时期	特点
第一个日历年代	20 世纪 70 年代末	开始解冻期
第二个日历年代	20 世纪 80 年代	文化名人引领潮流期
第三个日历年代	20 世纪 90 年代	团体意识及学科意识增强期
第四个日历年代	21 世纪初	百花初绽期

下面就分别对各时期研究的情况进行深入分析。

(一)第一阶段的研究情况

从实质来看,在 1840 年—1919 年这一阶段对文化的研究属于从文化的器物层向文化制度层研究的演变和推进。外强的凌辱和船坚炮利使国人感到本国装备的落后。一些有志之士开始探讨救国救民之道,魏源在他的《海国图志》中提出了"师夷长技以制夷"的口号,产生了向西方军事技术学习的主张。

其中以曾国藩、左宗棠、李鸿章和张之洞等为典型代表人物的洋务派发起了学习西方的工艺技术来弥补中国器物文化不足的洋务运动。

在该阶段,张之洞提出了"中体西用论",并强调应变器不变道,这一观点也成了英汉文化对比研究有史以来探讨并争辩的话题。

随之,清政府在甲午海战中的溃败也给了当时很多有志之士以思想的冲击。例如,康有为、梁启超等人认为,仅改造器物并不能实现完全意义上的富国强兵,必须进行变法维新,并从根本上认识到学习西方制度,如经济制度、教育制度、社会结构等的重要意义。

康有为力争主张变法,梁启超著了《变法通议》,严复翻译了《天演论》,孙中山又进一步提出了三民主义的思想,主张彻底推翻君主制度。这些政治层面的活动和文化方面的著述、思想等也都对文化产生了不同的影响作用。在学术界,关于英汉文化的对比研究从器物层进入到了制度层。

(二)第二阶段的研究情况

从 1919 年—1949 年英汉文化对比研究的第二阶段可以说是从制度层到思想观念层的研究,这一阶段以波澜壮阔的五四运动为标志。

清皇朝的推翻和社会制度的变革没有使国人看到民族复兴的希望。很多新文化运动的先驱们也开始从器物层、制度层、文化交流的局限性中意识到从更深入的层次也就是思想观念层次来借鉴西方文化的优点和长处,学习民主思想和马克思主义。

这种向西方学习的"西化"思想萌发于维新时期,在谭嗣同的《仁学》中初见端倪。同时,五四时期"西化派"的领军人物胡适、张佛泉、陈序经等人还主张"师法国外",全盘接受西方世界的文明。当然,这些都具有历史的局限性。国粹派的代表人物章太炎、邓实等人还提出了"研究国学、保存国粹"的口号。到了 19 世纪 30 年代,"西化派"与"国粹派"的论争发展成了"全盘西化"和"中国本位"的论辩高潮。

根据"西化派"的观点,中西文化差异属于时代性差异和古今差异,这一学派坚持的是单元的文化演进模式。但是,根据梁漱溟等人的观点,中西文化差异存在本质上的区别而不是程度方面的差异,中国文化的路径和西方存在很大的不同。

"中国本位"派从横向和纵向方面提出了对待西方文化的观点。从纵的方面而言,"中国本位"派不主张复古,从横的方面而言,"中国本位"派反对全盘西化。这一学派还要求用科学的方法来检讨过去、把握现在、创造未来。

因此,第二阶段的英汉文化对比研究也表现在单元文化和多元文化的论争上。

(三)第三阶段的研究情况

1949 年—1978 年是英汉文化对比研究的第三阶段。在此阶段,英汉文化对比研究处于相对沉寂期。新中国成立之后,在我国文化界,学者们致力于系统地介绍马克思主义与苏联、东欧文化,但是英美等西方国家开始对新中国实施政治与经济封锁,普遍意义上的中西文化交流非常冷清。

后来,由于国内政治运动的频繁和文化大革命极"左"思潮的泛滥等诸多客观因素,也都使英汉文化对比研究处于沉寂状态。

(四)第四阶段的研究情况

文化大革命结束后,极"左"思潮也随之失去了统治地位。特别是十一届三中全会之后,改革与开放逐步深化和扩大,这些积极的外在因素使得中西文化交流又出现了"空前活跃"的局面,长期以来,人们思想被禁锢的局面也开始被打破并逐步实现解放。英汉文化对比研究再度升温,甚至呈现一度火热,并且经过一段时期的既热烈又冷静的探索,英汉文化对比研究日趋系统和成熟。

(五)国内近 30 年英汉文化对比研究情况

结合表 2-2,下面对国内近 30 年英汉文化对比研究的情况进行分析和回顾。

1.20 世纪 70 年代末国内文化对比研究情况

20 世纪 70 年代末可以说是英汉文化对比研究的开始解冻期,在此之前,全国的各行各业特别是文化事业遭遇了新中国成立以来的严重挫折和巨大损失。文化大革命一结束,中西文化交流开始解冻。在 1978 年,党召开了十一届三中全会,这一会议的召开使国内人民看到了文化复兴的希望。尽管如此,十年动乱所带来的严重的政治、经济、社会问题积重难返,很多遭到巨大打击的文化工作的开展还是存在很大的艰巨性,一两年之内也很难复苏,因而这一时期的英汉文化对比研究处在沉寂即将结束到热潮开始出现的过渡期。仅有少量的文化工作者发表了少量配合真理标准讨论的文化比较论文,并且此领域的涉及非常少。

2. 20 世纪 80 年代国内文化对比研究情况

外部的政治环境、经济的变革以及改革开放等形式的解冻,使人们的文化心理也发生了变化。西方文化的涌入出现了与汉族文化截然不同的文化参照系统,开始引起人们对自身文化的反思和再评估。

在此大背景下,20 世纪 80 年代的英汉文化对比研究迅速升温,甚至在三五年内形成了"文化比较热"的局面。在 1986 年,中国文化书院举办了一个中西文化比较讲习班。这一活动涉及海内外数千人,并邀请了国内外知名学者,如梁漱溟、周谷城、季羡林等人,海外华裔学者邹谠、杜维明、成中英等,并由美国学者魏斐德、香港学者赵令扬等担任导师,在全国掀起了一股规模宏大的文化对比研究浪潮。

我国文化界的这一"文化热点"还受到一些媒体的报道。该时期还发表了很多篇具有创造性的论文。例如:

王元化的《关于东西文化比较研究》

周谷城的《中西文化的交流》

吴森的《哲学与文化的比较研究》

这些论文有的对中西文化进行了宏观比较,有的提出了中西文化对比研究的一些基本理论、方法等。这一时期发表的论文数量多达 150 余篇,这些论文在当时都产生了比较大的影响作用。

3. 20 世纪 90 年代国内文化对比研究情况

20 世纪 90 年代在 80 年代的基础上,进一步深化了团体意识,加强了学科意识,这一阶段,不仅有文化界学者的参与,还有大专院校的师生和普通民众的参与,并且大专院校的师生和普通民众的参与人数呈现上升的趋势。就发表论文数量来看,也从 20 世纪 80 年代的 150 余篇上升到 550 余篇。团体意识与学科意识的增强是这一时期英汉文化对比研究的显著特征。

从团体意识增强方面来看,很多研究者不再满足于散兵游泳式研究,而是自发组成学术性团体,并开始发挥集体的优势。例如,在北京、上海、南京、武汉、哈尔滨等地成立了诸如"文化比较""中西文化交流"等名称的学会以及协会或研究会等。民间学术团体如"英汉语比较研究会""文化交流协会"等,有些学会还定期以文会友,这些都增加了英汉文化对比研究的广度和深度。

从学科意识增强方面来看,这些研究者的研究不再是零敲碎打式的研究,而是开始从学科建设的角度来进行系统化的对比研究,呈现出学科交叉、知识融合、技术集成等特点。例如,有些学者还致力于建立"对比语言学""文化语言学"等学科,这些都为英汉文化对比研究的全面绽放奠定了坚实的基础。

4. 20 世纪初国内文化对比研究情况

20 世纪的前七年,英汉文化对比研究处在全面绽放的状态。在这七年期间,发表的文化论文有 1 480 余篇,是 20 世纪 80 年代论文数量的 10 倍,20 世纪 90 年代论文数量的 3 倍,甚至一些博士论文、硕士论文都不在统计之列。这一时期,可以说出现众人参与的热潮,并且研究范围也在扩大,从文化对比研究扩展到文化分类对比研究,甚至开始从美学、哲学、宗教学、教育学等文化的各分支领域进行研究。此外,英汉文化对比研究呈现出纵深发展的趋势,有些学者开始进行理论探讨、学科建设以及系统化的研究。

二、英汉文化对比研究的范畴

事实上,英汉文化对比研究是在语言对比研究的基础上发展而来的,它和英汉语言对比研究在很多层面具有类似性,并逐步建立起一门新的独立学科——英汉对比文化学。就研究的范畴来看,英汉文化对比研究具体涉及以下几个方面,如表 2-3 所示。

表 2-3　英汉文化对比研究的大体范畴

理论研究	应用研究
理论研究主要侧重于以下方面。 (1)有关文化的概念问题。 (2)有关文化的属性问题。 (3)有关文化的结构问题。 (4)有关语言与文化间关系的问题等。	应用研究主要侧重于以下方面。 (1)外语教学。 (2)对外汉语教学。 (3)英汉翻译服务。 (4)提升人们的文化交际能力(如口头、书面两方面)。 (5)提高人的文化素养等。

三、英汉文化对比研究的方法

通常,在对英汉文化进行对比研究时,既可以采用历时研究法,又可以采用共时研究法,并且两种研究方法都得到了广泛的应用。然而,在进行具体研究时应根据具体情况加以选择,或者在必要时将两种方法有机结合起来。例如,在文化对比研究的高级阶段,可开设文化史、文学史和语言学史等课程,采取历时研究法的方法。值得注意的是,英汉文化对比研究是由点到面,一步步地进入全面系统的研究,即从点到面逐步实现系统化。

第三章

翻译

在科学技术日新月异,各国间政治、经济、文化往来也日益频繁的今天,翻译作为各国间交流的媒介和手段越来越显现出其重要性。虽然越来越多的人渐渐认识到翻译的重要作用,但人们对翻译还缺乏系统的认识。本章就对翻译的定义、分类及中西方翻译进行研究。

第一节　翻译的定义

对翻译的定义,中外学者分别给出了各自的观点。以下是一些具有代表性的观点,以供读者参考。

一、中国学者对翻译的理解

东汉著名文学家、语言学家许慎在《说文解字》中分别解释了"翻"和"译":

翻:飞也。从羽,番声。或从飞。

译:传译四夷之言者。从言,睪声。

翻译成现代汉语,"'翻'意为飞,形声字,羽为形符,番为声符;'译'指翻译,即将一种语言文字翻译成另一种语言文字的人。

形声字,言为形符,睪为声符。"①

唐代的贾公彦在《周礼义疏》中指出,"译即易,谓换易言语使相解也。"根据现代文艺理论和语言理论,可以将这句话诠释为:翻译是一种语言文字换易成另一种语言文字,而并不变更所蕴含的意义,——或用近年流行的术语说,并不变更传递的信息,——以达到彼此沟通、相互了解的目的。②

翻译家黄龙认为,"Translation may be defined as follows: the replacement of textual material in one language by equivalent textual material in another language."③这一定义强调的是内容与形式之间的关系,即用一种语言将另一种语言的内容与形式准确地表达出来。从语言的内容和文本入手,试图来分析形式与意义之间的固有关系,将翻译过程进行量化,希望以此建立一种比较普遍的翻译模式。该定义将翻译的活动纳入一个规范的体系中,使翻译理论更逻辑化、形式化,从而使交际更简单,更利于智能翻译的发展。然而,这一定义也存在某些局限性。例如,翻译具有社会性,但该定义将其定义为一种个体行为,忽视了社会的存在。随着翻译活动的范围逐步扩大,该定义的局限性会更加突出。

翻译家张培基提出,翻译即运用一种语言把另一种语言所表达的思想、内容,准确、流畅、完整地重新表达出来的语言活动。

张今(2005)认为,翻译是两个语言社会(language-community)之间的交际过程和交际工具,其目的是促进本语言社会的政治、经济和文化进步,其任务是把原作中包含的现实世界的逻辑映像或艺术映像,完好无损地从一种语言移注到另一种语言中。由此可见,翻译是一种跨语言、跨社会的特殊文化活动。

我国学者王以铸认为,好的翻译绝非将原文逐字逐句生硬搬迁过来,而以传达原文的神韵为主要目的。

---

① 刘军平.西方翻译理论通史[M].武汉:武汉大学出版社,2009:18.
② 罗新璋,陈应年.翻译论集[M].北京:商务印书馆,2009:11.
③ 黄龙.翻译学[M].南京:江苏教育出版社,1987:1.

二、国外学者对翻译的理解

18 世纪著名学者、作家约翰逊（Samual Johnson）在《约翰逊字典》（*Samual Johnson's Dictionary*）中对 translation 的解释是："To translate is to change into another language，retaining as much of the sense as one can."[①]这一定义是从语用的角度来解释翻译的，大体意思是：翻译就是在尽量保存原意的基础上将一种语言译成另一种语言。

美国著名翻译理论家尤金·奈达（Eugene Nida，1986）将翻译定义为："Translating consists of reproducing in the receptor language the closest natural equivalent of the source language message，first in terms of meaning，and second in terms of style."这句话的意思是：翻译就是用最贴近、最自然的等值体来复制出源语的信息，其中意义是第一位的，风格是第二位的。这是从意义的层面来对翻译下的定义，翻译的对象就是意义。

雅各布逊（Sager Jakobson）提出，翻译是 an interpretation of verbal signs by means of some other language。该定义将翻译扩展到言语符号的层面。他还指出，翻译不仅仅是语义的转换，更涵盖了整个交际系统。

国外翻译研究者，如兰伯特（Lambert）和罗宾（Robyns）对翻译的解释是："Translation is identical to culture."[②]他们认为翻译是一种文化，这是从翻译功能的角度进行定义的。这种观点指出翻译是一种跨文化的交际活动，所以它不仅涉及语际的转换，还涉及各种文化因素。语言与文化是密不可分的关系，语言是文化的一部分，文化的差异性又会通过语言反映出来。因此，译者应该在熟悉文化背景的基础上展开翻译活动，这样才能实现语言的

[①] 李建军. 新编英汉翻译[M]. 上海：东华大学出版社，2004：4.

[②] Edwin Gentzler. *Contemporary Translation Theories*[M]. London：Routledge Inc.，1993：186.

准确性。

总之,翻译的定义是较为复杂的,从不同角度可以给出不同的定义。综合来讲,对"翻译"的定义可以从广义和狭义两个角度加以说明。

从广义上说,"翻译"就是语言与语言、语言与非语言之间基本信息的传达和代码的转换。例如,语言与副语言(如副声音、体势语等)之间的转换、语言与语言之间的转化(如将汉语转换为外语或将外语转换为汉语)、语言与电码或数码之间的转换等。

从狭义上说,"翻译"是指用一种语言将另一种语言所表达的内容忠实地表达出来的语言活动。通常,我们在翻译课上讨论的"翻译"就是狭义的翻译。

综上所述可知,从翻译的形式来看,它是不同语言之间的一种转换;从翻译的实质来看,它是一种传达意义的语言活动;从翻译的目的来看,它是通过变更语言形式和克服语言障碍的方式来达到意思交流的一种语言手段。

第二节　翻译的分类

对于翻译的分类问题,学者们也都发表了自己的见解,下面仅对部分常见的分类进行阐述。

一、卡特福德对翻译的分类

英国翻译理论家卡特福德(Cafford)主要从层次、范围以及等级三个角度对翻译进行了分类。[1]

(1)就层次而言,翻译是从语音、语法、词汇、词性等层次上进行划分的,即可以分为完全翻译和有限翻译两种。所谓完全翻

---

[1] 刘军平.西方翻译理论通史[M].武汉:武汉大学出版社,2009:139.

译,是指原文中的语音、语法、词汇、词性等都要进行等值的替换。所谓有限翻译,是指将原文仅仅在某一个层次上进行等值替换。

(2)就范围来说,翻译可以分为全文翻译和部分翻译。所谓全文翻译,是指将每一部分原文都要用译文替代。所谓部分翻译,是指有些内容不需要进行翻译,而是直接进行移植。

(3)从等级上看,翻译可以分为直译、意译和逐句翻译。

二、雅各布逊对翻译的分类

基于符号学理论,雅各布逊将翻译分为三种:语内翻译(intralingual translation)、语际翻译(interlingual translation)和符际翻译(intersemiotic translation)。[①]

(1)语内翻译。语内翻译是针对同一种语言而言的,即使用一些语言符号对另一些语言符号进行阐释,简单而言就是将原作的语言变换说法。

(2)语际翻译。语际翻译是针对两种语言来说的,是用一种语言来解释另外一种语言,这也是人们通常理解的翻译。

(3)符际翻译。符际翻译也称"跨类翻译",是用非语言符号来解释语言符号。常见的非语言符号包含手势、图画、音乐、数字等。

这种分类方法被称为雅各布逊的翻译"三分法",其对翻译理论的发展产生了重大影响,并且被很多的国内外学者用作翻译划分的参考。

三、其他学者对翻译的分类

除了以上分类方法,还有一些学者从其他层面对翻译进行了分类。

---

① 刘军平.西方翻译理论通史[M].武汉:武汉大学出版社,2009:133.

（1）按照工作的形式，可以将翻译分为笔译（translation）、口译（interpretation）、机助翻译（machine-aided translation）、机器翻译（machine translation）等。

笔译就是笔头翻译，用文字翻译。

口译可以进一步分为同声传译和连续翻译。

机助翻译是运用计算机进行辅助翻译。

机器翻译又称为"自动化翻译"。

其中，机助翻译与机器翻译是现代语言学与智能科学结合的产物，在未来的某一天有可能替代人工翻译。

（2）按照内容体裁，可以将翻译实践分为文学翻译（literal translation）、非文学翻译（non-literal translation）。

文学翻译比较重视情感内容、文体风格以及修辞特征的表达，如小说、诗歌、戏剧、散文等。

非文学翻译又可以称为"实用翻译"，比较重视实际内容的表达，如经贸翻译、科技翻译、公文翻译等。

（3）按照处理方式，翻译实践可以分为全译（complete translation）、编译（edited translation）、译述（translation and review）、改译（revised translation）等。

全译是稍微对情节和体裁做改动，基本将人物和场景原封不动搬到国内。

编译是将翻译与编订结合起来，把所需要的材料选译过来，其所译的原材料可能是一种，也可能是多种。

译述和改译是将翻译与创作结合起来，就文学作品来说，可以增删情节或者改动体裁，如将小说改成戏剧等。

第三节　中西翻译研究

翻译在中西方都有着悠久的历史。由于中西方文化体系的不同，这些翻译研究也带有自身的特色。本节就分别对中西翻译研究的历史进行分阶段总结。

一、中国翻译研究史

"翻译"二字在我国古代的书籍中,最早是以"译"字出现的。而我国关于翻译最早的史书记载是在汉代。其中周《礼记·王制》中有这样一段文字:"中国、夷、蛮、戎、狄……五方之民,言语不通,嗜欲不同。达其志,通其欲,东方曰'寄',南方曰'象',西方曰'狄缇',北方曰'译'。"①这句话的意思是说在周代有这么多的民族,但是言语不能相通,嗜好也不相同。为了能够彼此之间顺畅交流、嗜好统一,设立了很多的翻译官,翻译东方民族语言的称为"寄",翻译南方民族语言的称为"象",翻译西方民族语言的称之为"狄缇",翻译北方民族语言的称之为"译"。翻译从此开端。

从我国翻译理论的发展以其自身呈现的历史阶段来说,具体可以分成五个大的时期,即汉唐翻译时期、明清科技翻译时期、五四翻译时期、新中国成立以后学科翻译时期、当代学科翻译时期。其中汉唐的翻译主要是以佛经为主;明末清初,中国的士大夫与西方传教士合作翻译了不少自然科学与宗教的书籍,后期科技翻译逐渐出现并逐渐兴盛起来,但是这一时期并没有系统的理论,因此下面不多做介绍;五四翻译时期是我国翻译史上相当重要的时期,在这一时期,马克思主义通过翻译在中国不断进行传播,因此出现了很多著名的翻译家,翻译活动在中国全面开展,并为建国之后和当代学科的翻译发展起到了极其关键的作用。本书对中国翻译研究史的概述主要分成了佛经翻译时期、近代翻译时期、现代翻译时期、当代翻译时期这四个主要的阶段。

(一)佛经翻译时期

西汉末年,佛教从印度传入中国,自此佛经翻译活动随之展

---

① 转引自喻云根. 翻译、翻译理论与翻译教学[J]. 解放军外语学院学报,1990,(1):62.

开。佛经翻译主要是从东汉末年开始到北宋末年结束,大致可以分成四个阶段:从东汉末年到西晋的草创时期,从东晋到隋末的发展时期,唐代的全盛时期以及北宋末年的基本结束时期。

其中在第一阶段的草创时期,翻译往往是口授的形式,因此往往是能够背诵什么就翻译什么,并且由于对佛教经典的虔诚,因此在翻译时往往都会采用直译的方式。在第二阶段的发展时期,翻译理论和技巧有了进一步的发展,因此对第一阶段的直译法有所突破,提出了意译的方式,主张只要不违背原意,不必仅仅拘泥于原文的形式,因此译文的质量也得到了明显的提高。第三阶段是佛经翻译的鼎盛时期,这一时期主要就是玄奘的翻译精神,他制订出五不翻原则和几项翻译方法,具体如下文所述。

(1)补充法。为了能够让读者轻易的了解,因此常常加入几个字或者几句话。

(2)省略法。玄奘对原文删节的地方极少,并且仅仅限于不重要的地方。

(3)变位法。因为梵文与汉文次序存在差异,因此在翻译的时候会改变梵文的次序。

(4)分合法。这主要是应用在翻译梵文复合词的时候。

(5)译名假借法。有时候会使用另一种译名来对专门术语进行改译。

(6)代词还原法。玄奘会把原文的代名词译成代名词所指代的名词,并在前面加"彼"或者"此"等。

运用这些方法进行翻译,可以看出玄奘翻译质量之高明并且熟练地在各种翻译技巧中运作,达到内容与形式的统一,被后世所称赞。第四阶段是翻译的基本结束时期,这一时期的翻译质量逐步下降,译文也晦涩难懂,并且文段错落现象明显,因此这一阶段也并没有被后世沿用的理论。

(二)近代翻译时期

从 19 世纪中期鸦片战争到五四运动时期,中国翻译理论进入到了近代时期。在这一时期,翻译的内容是相对比较广泛的,不仅有古典著作的翻译,也有西方文学作品的翻译。其中最为著名的并受到至今推崇的就是严复的信、达、雅翻译理论。下面对这一理论进行详细的论述。

严复是清朝末期最具有影响力的翻译家,并且是明确提出翻译标准的第一人,在他的《天演论译例言》中这样描述到:

译事三难,信、达、雅。求其信,已大难矣。顾信矣不达,虽译尤不译也,则达尚焉。

……此在译者将全文神理,融会于心,则下笔抒词,自然互备。至原文词理本深,难于共喻,则当前后引衬,以显其意。凡此经营,皆以为达,为达即所以为信也。

易曰:"修辞立诚"。子曰:"辞达而已。"又曰:"言之无文,行之不远"。三者乃文章正轨,亦译事楷模,故信、达而外,求其尔雅。……

从这段文字中可以看出,严复提出的信、达、雅三条翻译的标准,对后世的翻译实践起到了极大的推动作用。所谓信,就是要求忠实;达就是要求通顺;雅是要求文雅、典雅。

(三)现代翻译时期

五四运动之后到新中国成立,我国的翻译理论进入到一个新的阶段,即现代翻译研究阶段。由于翻译活动比较频繁,因此对翻译的讨论也是相对比较普遍的。这一时期,新文化运动开创了白话文翻译的阶段,而马克思、列宁主义的共产主义思想以及无产阶级理念也开始被翻译到了中国。《共产党宣言》就是在这一时期发表的。同时,这一时期的翻译在内容和形式上都有了很大的变化,下面就对这一时期的翻译工作展开讨论。

1. 新文学翻译时期

五四新文学时期的翻译事业呈现出了百花齐放、百家争鸣的局面。这一时期的文学革命是轰轰烈烈的,促进了翻译问题的彻底革命,也推动了传统翻译思想的重大转折。

(1)关于直译与意译。这是在白话文运动上遇到的第一个翻译理论的争论问题。主要围绕以下三个观点展开:直译宜用白话文,意译用文言;直译意译皆用白话;直译意译无关白话文言。但是最终由于翻译界大量翻译的都是外国文学作品,因此采用直译的比较多。

(2)关于信与顺。这是一场关于翻译标准的论战,这场论战讨论的主要是四个问题:信与顺的问题、直译与意译的问题、欧化和归化的问题、重译问题。通过论战,在很多层面上达成了共识,使信、达、雅为核心的传统翻译理论经受住了考验,从而继承和发展了中国传统的翻译思想。

2.马克思主义著作的翻译

马克思著作的翻译是这一时期的另外一个重要的内容。在十月革命之后,一大批的青年远赴前苏联留学,不少人成为了传播马克思学说的著名翻译家。并且马克思和恩格斯合著的《共产党宣言》在 20 世纪传入中国,对 1921 年的中国共产党成立产生了重大的影响。其中这一时期比较著名的翻译家为郭大力。

郭大力的翻译思想和翻译态度是极其严肃的。他在《资本论》译者跋中这样写道:"我们根据的版本,是马恩研究院校正过的德文本。我们所加的若干附注,大都是根据这个版本实行的。……此外,我们还参照了两种英文译本和两种日文译本,不过当中只有一种英译本和一种日译本是完全的。在格式方面,我们尽量保持原版的特色。在行文方面,我们尽量使其流畅,但当然,每一个地方,我们都顾虑到了,要使它的文句,不至于弄差它的意义。"[1]

1940 年春天,郭大力开始翻译《资本论》的第四卷,最终历时四年,完成了对这部 120 万字著作的翻译,并且为了使其更加完善,又花费了五年的时间进行修改。随着我国社会主义经济建设

---

[1] 高华丽.中外翻译简史[M].杭州:浙江大学出版社,2009:96.

的不断发展,全国掀起了学习马克思经济的思潮,为了达到整个译文翻译无误、尽善尽美,他又对其进行了全面的校改。可见,郭大力先生是在用整个生命完成了这部著作的翻译工作,对整个翻译理论的发展起到了不可磨灭的作用。

(四)当代翻译时期

新中国成立之后,我国的政治、经济、文化逐步取得了进步,当然翻译事业也和其他科学文化事业一样得到了蓬勃的发展,在翻译理论的建设上也取得了卓越的贡献,并且深刻地反映了这一时代的特征。

1.传统翻译思想的再鼎盛

新中国成立初期,中国对传统的翻译思想比较推崇,主要表现在以下两个层面。

(1)"四论"的创立。四论分别是茅盾的"意境论"、傅雷的"重神似不重形似论"、焦菊隐的"整体论"、钱钟书的"化境论"。这四论实际上将文艺学与美学融入传统的语言学化翻译理论之中,丰富和发展了传统翻译理论。

(2)翻译标准再论争。这次争论的焦点问题就是严复的信、达、雅翻译标准。而研究的问题就是是否沿用其翻译标准还是运用苏联的"分类标准"与"等值性"理论。由于新中国成立初期受到苏联的帮助,因此很多的苏联作品随之引入,但是很多苏联作品并没有被译出,因此需要更多的翻译人员。而翻译者需要更为科学和完备的翻译理论。最终,这一争论以严复的信达雅获胜而告终。

2.中西翻译思想的融合

到了20世纪80年代后期,中国进入了改革开放的新时期。翻译事业呈现了新的繁荣景象。中国逐渐引进外国的翻译理论,推动了中国当代翻译理论的发展。对我国翻译理论起到重要作用的西方翻译思想主要有以下几个方面。

（1）前苏联翻译理论两大流派的影响。前苏联的两大翻译流派，即语言学派和文艺学派在新中国成立的初期就已经被引入我国。其中在翻译研究理论上，语言学派主张从语言学角度进行探讨，而文艺学派主要从文艺学角度进行探讨。到了 20 世纪 60 年代后期，这一斗争达到了高潮，因此对我国翻译理论也产生了不可磨灭的影响。

（2）西方结构主义语言学的影响。这一时期，西方比较有代表性的学者有雅各布逊、卡特福德、奈达、威尔斯（Wales）等。其中雅各布逊主张将语内、语际、符际翻译作为探索翻译理论的方法，而其他三位学者以语言学理论作为依托提出了"等值理论"。这些理论与中国的传统翻译理论存在着某些相似之处，因此很快在翻译界与教育界盛行，并且打破了我国原本单一的、静态的翻译理论局面，促进了我国翻译理论的发展。

（3）西方后结构主义的影响。从 1972 年之后，对我国翻译思想有重大影响的学派有"翻译研究派""综合学派""多元系统派""解构主义学派"等。这为当代翻译理论提供了新的视角，即重视动态和多元的观念；重视翻译的综合性；重视翻译者和使用者的作用，这些新的视角、新的思路为我国翻译理论建设提供了积极的作用。

在这些理论的基础上，我国坚持在继承我国传统翻译理论的基础上借鉴外国的先进翻译理论，从而创立自己的学说为主要的原则，取其精华、去其糟粕，很多年轻翻译家进行了卓有成效的工作，提出了新译论、新思想。

多元互补论。多元互补论是由多个标准组成的，即绝对标准、最高标准、具体标准。这些标准是相辅相成的关系，并且有其特定的功能。这一理论吸取了西方的动态论和多元论，将翻译理论置于立体的思维模式下，打破了传统一元论的观点。

和谐说。和谐标准是在继承我国古代儒家和谐的基础上，借鉴西方的系统理论、对话理论以及格式塔心理学理论，提出的新的翻译标准。这一翻译的标准也是一个系统,在这一系统里面,包含原作、译者、译作、源语、译语、读者等。翻译的过程就是从这些差异对立的转化中寻求一种中间的状态,即在忠实和不忠实之间的一种状态。其中译者起到主体的作用,需要发挥其创造的能力,运用"和而不同"的原则将译文展现给读者。

二、西方翻译研究史

西方翻译理论的历史源远流长,最早可以追溯到古罗马时期,经历了从同一"母"体系到"子"体系的发展以及演化的过程,其内容也是非常繁多,很难用三言两语进行概括。从时间角度上来分析的话,可以分为早期翻译时期、文艺复兴翻译时期、近代翻译时期、现当代翻译时期四个主要的时期。下面就从这几个阶段来重点分析一下西方翻译理论发展史。

(一)早期翻译时期

西方早期翻译是从罗马帝国的鼎盛时期到罗马帝国的灭亡,这期间经过了七百多年,并且出现了两大发展阶段。第一阶段主要是把古希腊文学特别是荷马史诗和戏剧首次介绍到罗马,从而促进了罗马文学的产生和发展,并为以后的欧洲各国继承古希腊文化起了重要作用。第二阶段就是大规模的宗教翻译阶段,《圣经》以及其他神学著作的翻译,逐渐取得了与世俗文学翻译并驾齐驱的地位,并在以后的历史发展中超过了一些世俗文学的翻译,这成为西方翻译的主流。

这一时期是西方最早翻译理论和翻译方法的研究时期。早期的翻译方法,从很大程度上说受到了罗马和希腊之间关系的影响。随着西塞罗直译和活译问题的明确提出,文学翻译家们就围绕着这一问题展开了讨论,先后形成了三大派别:以西塞罗(Cicero)、贺拉斯(Horace)为代表的活译派;以菲洛(Philo)、奥古斯丁(Augustine)为代表的直译派;以哲罗姆(Jerome)为代表的活译和直译兼用派。但是不论是哪一派,都对翻译的理论问题发表了不少意见,其影响一直延续到以后的各个时期乃至现代。

但值得注意的是,整个古代的翻译理论的研究并不是非常系统,并且也没有专家或专著的出现,有的只是文学家、神学家在谈论其他主题之外,或翻译家在译作的序、跋中,附带加以阐述的观点。

(二)文艺复兴翻译时期

14世纪末期,文艺复兴在意大利兴起,15、16世纪遍及整个欧洲。文艺复兴是指对古希腊、罗马的文学、科学与艺术进行重新审视、发现并振兴,这是一场思想文化层面上的大革命。文艺复兴主要是为了传播人文主义思潮,它遍及文学的各个层面,其中包含古希腊、罗马以及欧洲作品的研究。后于16世纪传入世界上的其他国家。而对于翻译界来说,翻译家们不断探索新的文学领域,挖掘新的文化遗产,将古代以及近代的经典著作翻译成民族语,这就是西方翻译史上的第四个高潮时期。这一时期因国家不同翻译的风格也就不一样,下面就结合德国、英国、法国这三个国家的翻译进行具体分析。

1.德国翻译

德国在这一时期仍旧是德语与拉丁语的互译,但是在风格上有了独特的认识,之前完全模仿拉丁文的风格逐渐消失。在翻译上,由于更注重德语语言的独立性特征,因此主张应该运用自身独特的表达方式,因此不能将其进行逐词翻译,这主要是由于两方面的原因:一是受不同语言之间的差异和语言本质不同的影响;二是对民族语的愿望不断增强,民族感高涨。这一时期的德国,大多数的翻译家和理论家都采用德语翻译习惯进行翻译,放弃了之前对拉丁语言的热衷。另外,意译派也提出了反对逐词翻译的理由:一是德语有着自身独立的语言风格,因此不应该去模仿别人或者被人模仿;二是德语也有着自身的语言规则,因此应该被尊重,这成为德国在这一时期翻译始终贯穿的思想。较著名的翻译家和译者比较多,尤其是伊拉斯谟(Erasmus)的翻译理论。

在这一时期,文学翻译理论提出了新的办法,而伊拉斯谟就是其中的代表之一。他学识渊博,对于语言研究见长,并且在拉丁文学与希腊文学上颇有造诣,尤其是他对文学与风格问题的论述受到了其他国外学者的赞同。因此,伊拉斯谟的思想对德国甚至是整个欧洲影响都很深远。在众多的翻译著作中,他最为著名的就是1516年发行的《圣经·新约》希腊语著作,这一著作是在原手抄本基础上进行的附言与解注。《新约》的翻译轰动了整个欧洲的翻译界、学术界,并为以后的《圣经》翻译产生了至关重要的作用。

从他翻译的著作中,可以读出其风格优美、译文精准。他对于翻译理论也做了详细的阐述,主要体现在以下四个方面。

(1)必须尊重原作,因为任何译本都很难译出原作的思想和语言。

(2)译者需要具备丰富的语文知识,因为对于原作品读懂是翻译的基础。

(3)风格是翻译的一项重要组成部分,在翻译中要表现出希腊语的修辞手段,即如果原文是诗,那么就用诗进行翻译;如果原文是单词,那么就选择单词进行对应;如果原作选用的语言比较朴素,翻译的时候语言也应该朴素;如果原作的风格高雅,那么译文的风格也应该是高雅的。

(4)风格的性质还受到读者要求的制约。在翻译中如果遇到歧义,伊拉斯谟会选择在文中加注来进行解释说明,至于读者会选择用哪个,这由读者自身根据上下文决定。

2.英国翻译

文艺复兴运动也是16世纪在英国蓬勃发展起来的,并且在伊丽莎白时期,英国的政治、经济力量非常强大,因此带动的学术研究也蒸蒸日上,英国的翻译进入了一个大发展时期。大多数翻译家并没有受到任何翻译理论的束缚,并且很多译本并不是对原作进行翻译,而是对译作进行翻译。而题材上大多是历史作品,主要有尼克尔斯(Nickels)的《伯罗奔尼撒战争史》、萨维尔(Saviour)翻译的《历史》以及诺思(North)的《名人传》等。

除此之外,还有就是戏剧作品的翻译,最有名的是塞内加的作品。但是英国的翻译家并不是很多,因此也没有成就系统的翻译理论。

综上所述,西方翻译在这一时期的最大特点就是:各个民族语言的翻译呈现了均衡的发展,这说明西方翻译开始向民族语翻译转型。因此,文艺复兴时期是西方翻译史上的一个重要转折点。

3.法国翻译

随着人文主义思潮在法国的开展,到了 16 世纪,法国翻译出现了高潮时期。尤其在古典文化的吸引和推动下,很多人文主义学者开始研究古典文学作品,并将大量的古典作品翻译成法语。但是,大部分的译作翻译的质量却不是很高,对后世的影响也不大,其中阿米欧(Amyot)的贡献比较突出。

阿米欧早年受到古希腊和拉丁文学的教育,后成为大学教授兼家庭教师。阿米欧的主要成就是翻译了为数不多的古希腊、古罗马的文学著作。但是由于其翻译中追求与原作的媲美,因此大多数后人将其看作是一位作家。

阿米欧翻译的著作有《埃塞俄比亚传奇》《名人传》《道德论说文集》等,其中《名人传》是他的成名作,并得到了国王的支持。实际上,这本书的内容并不长,但是他花费了 17 年的时间进行翻译。最后翻译成功,给后代的作家提供了创作素材。阿米欧在翻译中始终坚持以下两条原则。

(1)译者必须清楚、明白原作,在内容的转译上要下功夫。

(2)翻译的笔调应该是自然流畅的,不需要过多的修饰。

和前面的翻译家不同,他强调内容与形式、直译与意译的和

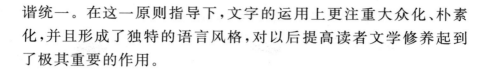

谐统一。在这一原则指导下,文字的运用上更注重大众化、朴素化,并且形成了独特的语言风格,对以后提高读者文学修养起到了极其重要的作用。

(三)近代翻译时期

17—19世纪,各国的翻译在文艺复兴的推动下逐步发展,形成了翻译的高潮。尤其在翻译理论研究的层面,整个西方翻译界出现了前所未有的黄金时代。这一时期是西方翻译史上的第五次高潮。

17世纪,英、法两国处于遥遥领先的地位,随着两国政治、经济的繁荣发展,知识分子在不断增多,很多人加入到了翻译的行列,为翻译理论与实践的研究创造了有利的条件。

18世纪是西方翻译理论的重要发展时期,理论家们开始挣脱狭隘的研究范围,提出了更为全面系统的普遍性翻译理论模式,如著名的巴特(Butte)、泰特勒(Tytler)等。这一时期的翻译理论关注的是原文的文学特征,比较注重原文的意义。

到了19世纪,翻译的著作逐步从古代作品转向近现代作品中,逐步翻译近现代西方其他国家的文学作品。著名的翻译者有弥尔顿(Milton)、席勒(Schiller)、歌德(Gothic)等。在翻译理论界,对于英国,这一时期著名的有阿诺德(Arnold)和纽曼(Newman)。阿诺德认为,"译作的好坏主要看研究学者对其的反应",而纽曼认为,"评判的标准在于一般的读者而并不是研究学者",他们的争论使整个学术界气氛更加活跃,丰富了整个理论研究的内容。对于德国,翻译家和理论家的思想极其活跃,如洪堡(Humboldt)、施莱尔马赫(Schleiermacher)、荷尔德林(Holderlin)等,他们是从文学与语言学的角度对翻译进行探讨。他们从语言学的角度,对翻译的基本单位做了阐述,音素、词素、词等都被用作翻译的基本单位,但是后来研究发现,翻译应该以篇章作为其基本单位,因为翻译并不仅仅是某些词的串联,而是整个句子和篇章。

下面就从这些国家来进行研究。

1. 德国翻译

德国翻译在这一时期也得到了较大的发展,尤其是18世纪末到19世纪初的这一段时间,出现了许多著名的翻译家,如席勒、蒂克(Tic)、瓦斯(Vas)等,也出现了许多著名的理论家,如歌德、洪堡、赫尔德等。这些作家大量翻译古希腊、古罗马以及当代其他国家的文学作品,使德国成为欧洲翻译理论的又一研究中心。

歌德是近代德国最为卓越的文学家,他早年对荷马(Homer)、莎士比亚(Shakespeare)以及英国的现实主义小说进行研究,对翻译颇有兴趣。由于他对多国文字精通,因此翻译的作品对后世影响深远,并且质量较高,可以说是上乘之作。

在翻译理论上,他对翻译问题的处理几乎可以呈现在他所有的翻译著作之中,概括起来主要可以归纳为以下三点。

(1)任何翻译活动可能是不完美的,但是翻译是整个世界文学领域的一项最具有价值的活动,因此人们应该重视翻译。

(2)语言形态之间是相互交织的关系,不同语言之间是彼此相同的。

(3)最适当的翻译应该是朴素无华的。

2. 英国翻译

之前已经提到,这一时期英国翻译出现了高潮,主要集中在伊丽莎白时期,期间著名的译作接踵而至,并且翻译理论研究方面也取得了前所未有的佳绩。在这一时期,比较出名的是德莱顿(Dryden)以及泰特勒,他们对翻译的贡献超过了同时代的其他学者,既有大量的翻译作品,也创造了系统的翻译理论。

(1)德莱顿

德莱顿是英国古典主义流派的创始人,也是最伟大的诗人和翻译家。他主要的译作有维吉尔(Virgil)的《伊尼特》、贺拉斯的

《诗集》、普鲁塔克（Plutarch）的《名人传》、奥维德（Ovid）的《变形记》等作品。德莱顿的翻译风格因作者不同而风格不同，文字趋于简单流畅，这在文学和翻译界占据着极其重要的地位。

德莱顿可以说是一位非凡的翻译评论家，他并没有出版过论述翻译的著作，但是对翻译理论却进行了认真的研究，并阐述了自己的翻译观点，主要表现在其论文和序言上，他的翻译观点主要论述如下。

翻译是一门艺术，因此译者需要具备较高的表现力与艺术鉴赏力。

翻译必须要考虑到读者的感受。

翻译需要把握原文的特点。

必须保证与原作的意思相同。

可以借用外来词语。

翻译分为三大类：逐词翻译、解释性翻译、模拟性翻译。

（2）泰特勒

泰特勒的翻译理论主要体现在其《论翻译原则》这本书中，这本书中提出了三条翻译的原则。

译文要完全传达出原作的思想。

译文的风格和笔调在性质上应该和原作保持一致。

译文应该具有流畅性。

这三大原则是总述，下面又分成若干的细则。泰特勒在论述上述三大原则之后，又阐述了这三大原则的重要性。他认为，要对原作思想忠实，势必会偏离原作的笔调，但是无论在任何情况下都不能因为切合笔调而偏离思想，也不能因为优雅或者流畅而偏离原作的思想和笔调。可见，从层次上说，第一个原则是最主要的，其次是第二个、第三个。

3. 法国翻译

文艺复兴之后，法国的翻译理论与实践继续向前发展，如 17 世纪出现了古典主义思潮，18 世纪出现了汉学高潮，19 世纪介绍西方当代文艺作品。

17世纪,复古之风盛行,因此对大量古典著作的翻译也逐渐展开,在译法上也不断处于不断争论的状态,有的译者认为翻译应该重视现在,对原作进行自由发挥;而有的译者则认为翻译应该注重古典,要讲究逐词对应,保证翻译的准确性。

到了18世纪,文化有衰落的趋势,为了扭转这一局面,很多翻译学家将目光伸向了别国的文学,首先是从英国开始的,著名感伤主义作家理查逊的小说被翻译成了法语,对法国感伤主义文学产生了十分重要的影响。其次是中国,掀起了轰轰烈烈的汉学思潮,他们学习中国文化,积极翻译中国的文学作品、戏剧作品等。但是在翻译上,译者过于重视内容,而忽视了语言文字,因此翻译的数量虽多但是质量却不是很高,在翻译史上的地位并不是很高。在这些翻译家中,最为著名的就是巴特。

巴特是18世纪最具有影响力的翻译理论人物,他翻译过很多古希腊、古罗马的经典著作。其中对于翻译问题、翻译理论的层面,主要是体现在其撰写的《论文学原则》一书中。这本书并不是从文学创作的角度来阐述翻译原则,而是从一般语言技巧的层面。巴特论述的重点也是翻译的语序问题。而对于这一问题处理,需要从12项原则着手。

(1)对于原作所说的事情(无论是推理还是事实)先后次序不能改变。

(2)无论原作句子的长短,应该保持其完整性。

(3)应该保留原作思想的前后顺序。

(4)副词应该出现于动词左右。

(5)应该保留原文中所有的连接词。

(6)关于对称的句子,译文也应该保持其对称性。

(7)应该保留原文中的语言形式与修辞手段。

(8)关于谚语,应该运用自然的语句翻译成谚语。

(9)如果对于某些词句进行解释,就不再是翻译了,而是评论,这一问题的出现与原文或者译文语言有关。

（10）为了满足意义的需要，就必须放弃表达形式，保证语言的通俗易懂。

（11）应该尽可能用相同的篇幅来表达原文中色彩斑斓的思想。

（12）对于原文的思想在本质不改变的情况下，可以选用不同的形式进行表达，可以通过运用表达词语进行组合或者分解。

综上所述，这一时期的翻译理论是西方翻译史上的一个最为重要的发展时期，比文艺复兴时期前进了一大步。

（四）现当代翻译时期

20世纪的西方翻译史以第二次世界大战为界，战前属于现代翻译时期，战后属于当代翻译时期。但是，在翻译理论上却发生了根本性的变化，这一时期现代语言学逐渐诞生和发展，为翻译理论的现代化奠定了基础。因此，翻译理论家注重的是源语和译入语所固有的语言结构的差别。这一理论对实际的翻译效果影响并不明显，因为大多都是在表层进行。

1.现代翻译

20世纪后，西方发达国家进入了帝国主义阶段，各个帝国主义国家不断扩张并且相互勾心斗角，在30年的时间内引发了两次世界大战。受这样历史背景的影响，翻译事业受到了严重的破坏。但是，在某些具体领域与国家，这一时期的翻译呈现了自身的特色，主要有以下四个方面。

（1）对于古典作品的翻译，翻译家着重于译文的朴实、准确、通顺，而不再强调译作的优雅。无论是英国、法国、德国，还是意大利、俄国、西班牙的翻译家，都打破原有的以诗译诗的传统，提倡将原文译成散文形式，而不是韵文的形式。在这一时期，翻译中流行的做法是运用朴素无华的语言将原作译成散文，使读者不用通过译注就可以看懂文章。

（2）翻译的重点集中于对近代、当代文学作品的翻译。由于

19 世纪末到 20 世纪初期,俄国和北欧各国的文学作品迅猛发展,出现了列夫·托尔斯泰(Leo Tolstoy)、易卜生(Ibsen)、契科夫(Chekhov)、安徒生(Andersen)等有名的文学家或者戏剧家。他们的作品引起了西欧、北美各国的学者的注意,并对其产生了不同程度的影响。

(3)开始频繁地翻译中国作品,出现汉学热潮。不仅翻译著名的典籍,还翻译很多名家的诗文,如《四书》、《五经》、《西游记》、《红楼梦》、《三国演义》等典籍被翻译成了西文,同时李白、杜甫等人的诗作也进行了翻译。著名的翻译家有弗兰茨·库恩(Franz Kuhn)、阿瑟·韦利(Arthur Waley)等,他们的数量多并且质量很高,有助于将中国文化引入到世界舞台上。

(4)苏联的翻译是独树一帜的,这一时期,在翻译理论与实践上出现了一条分明的界限:一是西欧、北美国家的翻译;二是苏联的翻译。并且翻译工作呈现了以下几点特征:翻译理论与实践以马克思主义为指南;外国文学翻译与出版具有计划性、系统性以及针对性;将原作的思想、艺术以及知识价值表现得淋漓尽致;苏联内部各个民族的互译得到了极大的发展;翻译中遵循的普遍原则是:忠实性、准确性、不逐词死译。

2. 当代翻译

20 世纪中期,是西方翻译史的当代翻译时期,这一时期是第六次高潮,是西方理论发展的最高峰。这不仅是由于翻译理论研究成果比较多,更主要是因为翻译理论的发展呈现出了质的飞跃。

在传统翻译学研究中,基本上都是经验式的、随感的,因此不够系统。但是到了 20 世纪 40 年代末、50 年代初,机器翻译的出现和应用使翻译学开始从现代语言学的视角来讨论翻译研究问题。这就导致了第一个质的飞跃的出现。这一时期的著名翻译理论家有威尔斯、尤金·奈达以及费道罗夫(Federov)等。他们将翻译研究定位于语言学的范畴,是应用语言学、比较语言学以及语义学的一个分支学科,并且与社会语言学、心理学、哲学、逻辑学、符号学有着密切的关系。

但是这样的定位并没有真正反映出翻译研究的实质,经过之后不断的研究努力,大多学者达成了一个共识:翻译研究并不应该仅仅被看作语言学的一个分支,而应该是把它作为一门独立的学科。这就导致了西方翻译研究的第二次质的飞跃。而到了20世纪80年代,翻译作为一门独立学科的理论已经逐渐在各个翻译家的著作中呈现。从20世纪80年代到21世纪,出现了各种各样的翻译理论研究思想或者流派,如文化学派、翻译研究派、操纵学派、功能学派、结构学派、多元系统学派等。

在翻译理论上,形成了庞大的西方翻译理论体系,在这一体系中包含众多的翻译理论阐述。例如,雅各布逊将翻译分为语内翻译、语际翻译、符际翻译;费道罗夫认为翻译理论应该首先从语言学方面着手,而翻译理论应该分为翻译史、翻译总论、翻译分论三个部分;弗斯(Furse)、卡特福德(Catford)的语境对等翻译理论;加切奇拉泽(Levan Gachechiladze)的文艺翻译是一门艺术创作理论等。

第二次世界大战结束之后,伴随着科技的发展,翻译活动也在蓬勃发展,人们逐渐对翻译研究的传统观念发生了改变,他们不再将翻译看成文学家、翻译家、哲学家的产品,而是将其看成一门科学、艺术以及技巧,是各位专家学者应该探讨的严肃问题。可见,在这一时期,翻译理论得到了创新。当代翻译理论也呈现了以下两个特点。

(1)与传统的文学翻译理论不同,当代的翻译研究已经被纳入语言学的范畴,因此会受到信息理论与现代语言学的制约。

(2)打破了之前的闭门状态,各个国家、民族之间的学术开始进行交流,翻译理论家们也会运用各种渠道来充分发表自己的观点。

第四章

文化与翻译

  文化与翻译并不是两个不相关的概念,两者有着十分密切的联系。翻译不仅涉及不同语言之间的转换,同时也涉及语言所承载的文化之间的转换,因此在翻译的时候不仅要注意语言问题,更要考虑文化问题。本章就从以下三个方面对文化与翻译进行详细说明。

第一节　文化与翻译的关系

  翻译常常被误解为只是将某一种语言的"表面"特征转换为另一种语言的相应形式。但语言不只是人们用来交际的工具,更是文化的一部分,与文化密不可分,所以两种语言之间的转换必然会涉及两种文化。就更深层次而言,翻译的本质就是将一种文化介绍到另一种文化的过程。正如王佐良先生所说:"他(翻译工作者)处理的是个别词,他面对的则是两大片文化"。① 深入地了解文化与翻译之间的关系,并借此来指导翻译过程中对文化因素的处理,是每一位翻译工作者都应重视的问题。本节就从两个角度来揭示文化与翻译的关系。

---

① 王佐良.翻译:思考与试笔[M].北京:外语教学与研究出版社,1989:34.

一、文化影响并制约翻译

文化对翻译有着显著的影响作用,具体体现在以下几个方面。

(一)文化决定翻译活动的范围与方式

文化决定翻译活动的范围与方式这一问题常被人们所忽视,实际上翻译这一活动能否发生,发生的规模如何,具体涉及哪些领域等,都与译入语文化尤其是意识文化有着直接的关系。

第一,民族的心理开放程度对翻译活动起着很大的影响作用。往往一个民族的思想开放程度愈高,就越有利于翻译活动的开展。而闭关锁国的思想,自然是不会涉及跨文化交流活动的。文化是不能自给自足的,一个民族的文化想要发展,必须吸收其他民族的文化,不然只会走向衰落甚至最终消失。闻一多先生在论及中国、印度、以色列和希腊四大文化时曾讲到:"四个文化同时出发,三个文化都转了手。有的转给了近亲,有的转给了外人,主人自己却都没落了,或许是因为他们都只勇于'予'而怯于'受',中国是勇于'予'而不太怯于'受'的,所以还是自己的文化的主人,然而也只仅免于没落的劫运而已。"①在这里,"予"指的是文化输入,"受"指的是文化输出,无论是文化输入还是文化输出,都离不开翻译活动。因此,在文化交流中不具备接纳外来文化的开放意识和心态,印度、以色列和希腊文化最后只能走向没落。

第二,文化的需求程度影响着翻译活动的规模。通常,某一文化领域的需求程度愈大,这一领域中的翻译活动就会愈活跃。在我国明代,徐光启等人就意识到中国的学术以及思想意识要远落后于别人,因此大力主张翻译西方有用的书籍,以借此来学习外国先进的科学技术,促进本国的发展。在"五四"运动之后,受

---

① 刘英凯.华夏文化自我中心观及外来语的汉译[A].文化与传播(第二辑)[C].上海:上海文化出版社,1994:371.

俄国十月革命胜利的鼓舞，我国进步人士迫切需要革命思想与理论的指导，因此一大批马列主义经典著作被翻译到了中国。

第三，文化的强势与弱势对翻译进行的形式也有着明显的影响作用。文化的强势与弱势指的是某一文化领域以及文化整体上的强与弱。就翻译的本质而言，翻译本身就是一种具有目的性和倾向性的文化活动。"文学翻译往往选取强势文化的作品，而且可能是影响最强的作品。在具体的两种语言的对译中，强势和弱势文化在选材上的不平衡表现得更加明显。"①在中国历史上，从东汉至清朝的佛经翻译过程中，外来者始终占据着主体地位。在西方历史上，罗马人征服希腊之后，就将希腊作品当作"文学战利品"一样随意进行翻译，这实际上与他们作为"胜利者"的心态有着密切的关系。

(二)文化干预翻译的过程

翻译不仅仅是两种语言文字间的转换，更是一种文化传输与移植的过程，在这一过程中要将整个交际语境考虑在内。正如美国语言学家爱德华·霍尔在《超越文化》中所指出的："翻译不但是两种语言体系的接触，而且是两种不同文化的接触，乃至是不同程度的文明的接触。翻译过程不仅仅由语言因素所决定，而且还由社会因素和心理因素所决定。"②由此可知，翻译面临的不仅是文本的转换，还是一种文化的转换，且通过语言这一传媒中介而实现。

任何两个社会中的文化都有一定的重叠，这便成为了翻译的基础；但两种文化之间在很多方面也存在巨大差异，这就是翻译的难点所在。翻译的过程简单来说包含理解与表达两个方面，理解固然重要，但更为重要的是将翻译的结果最终表达出来。例如，一篇诗文中常常包含着个人情感、生活习俗、宗教信仰、思维方式等独特的文化因素，为了准确再现原文的含义与神韵，译者

---

① 乔虹. 翻译与文化的互动关系[J]. 赤峰学院学报，2009，(11)：118.
② Edward T. Hall. *Beyond Culture*[M]. New York：DOUBLE EDAY，1976：238.

就需要准确分析和翻译原文的文化含义,进而将原文的信息忠实地传递给译入语读者,以达到文化交流的目的。可见,文化影响并干预着翻译的过程,并且贯穿于翻译的始终。

(三)文化影响翻译的策略

文化对翻译策略起着决定作用。下面以中国翻译发展为例进行说明。在中国近代,西方列强开始入侵,因此在很长一段时间内执政者都奉行闭关锁国政策,致使中国社会长期处于封闭状态。身处这种社会语境,中国知识分子形成了自己的意识形态,并在翻译过程中有所体现,一是常借助各种操纵手段,利用译作来表达自己的意识形态;二是当不愿意在译作中传达自己不能接受的意识形态时,常对原作品进行删改。此外,由于中国是文明大国,文化底蕴深厚,因此中国知识分子在翻译的过程中常向中国文化靠拢,进而舍弃原文中的表达方式,而采用汉语中现成的表达方式。

例如,严复的翻译除了在选材上有着明显的政治目的外,其在翻译策略的选择上常采用"删改"等策略,如《天演论》与原著《进化和伦理》相比,有很多地方就被删改,这并不是说严复的翻译能力不济,而是他精心策划和选择的结果。在晚清时期,国势日益衰落,很有必要引进西方的思想和政治来壮大中国,但当时的中国士大夫阶层对西方文化并不了解,而且也无心了解,严复在翻译《天演论》时采用"达易"的方法,既迁就了他们的理解能力,也能吸引他们阅读。在"五四"时期,外国文学和文化大量开始进入中国文化系统,而且占据着重要的地位,因此改译和意译等开始失势,直译开始凸显其地位,鲁迅先生为了利用翻译来改造中国文字和文化,甚至提倡硬译。严复和鲁迅之所以会提倡不同的翻译策略,是因为各自的翻译目的不同,所处的社会时代也不同。由此可见,译者采用什么样的翻译策略,与他们所处的社会历史文化背景有着很大关系。

二、翻译丰富并促进文化

翻译对文化也有着重要的影响,集中体现在以下几个方面。

(一)翻译丰富语言形式

近年来,随着中西方交流的日益频繁,由翻译所带动的跨文化语际交流也呈现出多层次、多样化的趋势,英语与汉语的接触达到了空前的广度与深度。外来语也通过翻译开始融入异族语言中,丰富了译语语言的表达形式。例如,翻译使得英语中有了Kung Fu(功夫),Jiao Zi(饺子),Confucius(孔子)等词汇;翻译也使得汉语中有了"酷"(cool)、"蜜月"(honey moon)、"黄金时代"(golden age)、"武装到牙齿"(armed to the teeth)、"一石二鸟"(kill two birds with one stone)、"时间就是金钱"(Time is money)等形象生动的表达。可见,翻译活动丰富了本国的词语和表达,并被本国文化所认可,使得人们可以更加准确地表达本国文化中不存在的事物,也为本国语言的发展做出了重大贡献。

(二)翻译促进文化间的交流与融合

翻译的产生源于人类相互了解、相互沟通的需要,这也就从本质上说明了翻译的主要目的就是促进人类的沟通、促进文化的交流。如果说翻译以克服语言的障碍、变更语言的形式为手段,以传达意义、达到理解、促进交流为目的,那么把翻译理解作为一种人类跨文化的交流活动可以说也是一个准确的定位。

一个民族文化的发展离不开外来文化的促进,而翻译正是促进译语文化的关键因素。世界各个民族的文化在历史的进程中并不是均衡发展的,而是有先进与落后之分。处于落后民族中的先进分子往往通过译介其他民族的先进的科学文化而寻求不断进步;处于先进民族中的有识之士除了向外译介本民族的进步文化之外,也向本民族译介其他文化中的优秀成分。可见,翻译不仅能促进文化间的交流,还能推动人类文化的发展。

　　"推动文化的传播,沟通文化间的理解,促进文化间的交流,既是翻译的使命,也是翻译的意义和价值所在。"①而文化的频繁交流势必会带来文化的融合,现在世界上很难找到一种纯而又纯的民族文化,而且现在各民族文化中的相同或相通的成分在逐步增加。由此可见,翻译活动对促进文化间的交流与融合有着重大作用。

第二节　文化翻译的原则

　　翻译首先要面临"怎么译"的问题,也就是依照什么原则进行翻译。论及文化翻译的原则,不同的学者从不同的角度出发有着不同的观点和看法。有学者指出,翻译作为一种纯粹的实践活动,根本不需要什么原则进行指导,并提出"译学无成规"的看法。但多数人认为,翻译作为一门科学,有其理论原则。金缇和尤金·奈达在他们合编的《论翻译》(On Translation)中指出,"实际上每一个人的翻译实践都有一些原则指导,区别于自觉和不自觉,在于那些原则是否符合客观规律"。② 可见,翻译原则是客观存在的,是指导翻译实践的科学依据,而且实践证明,合理地运用翻译原则指导翻译实践,翻译效果更佳。

　　关于翻译的原则,很多学者都进行了研究。早在 18 世纪 90年代,英国翻译家泰勒在其著作《论翻译的原则》(Essay on the Principles of Translation)中就提出了翻译的三条原则:译文应完全复写出原作的思想;译文的风格和笔调应与原文的性质相同;译文应和原作一样流畅。③ 我国著名翻译家严复在《天演论》(1898)的"译例言"中提出了著名的"信、达、雅"三条翻译标准。

---

　　① 乔虹.翻译与文化的互动关系[J].赤峰学院学报,2009,(11):117.
　　② 转引自白靖宇.文化与翻译(修订版)[M].北京:中国社会科学出版社,2010:7.
　　③ 同上,第 7-8 页。

到 20 世纪 80 年代,张培基先生根据严复的"信、达、雅"将翻译的标准概括为"忠实、通顺"。目前,"忠实、通顺"原则是我国翻译界普遍认可的翻译原则。

随着翻译研究的不断深入,人们对翻译的性质有了更深的认识。尤金·奈达在《语言·文化·翻译》一书中指出,翻译中的文化因素应该受到更多的重视,他进一步发展了"功能对等"理论。翻译活动的产生源于文化间的交流,所以翻译不仅仅是语言的翻译,更是文化的翻译。所以,根据翻译的性质和任务,有学者将文化翻译原则归纳为"文化再现(culture reappearance)",其具体包含以下两个方面。

一、再现源语文化信息

文化翻译首先要再现源语文化信息。由于语言与文化之间相互依存,相互影响,故语言翻译不仅是两种语言的转换,而且也是两种文化信息之间的转换。翻译的过程实际上就是文化信息传递的过程。因此,译者在翻译的过程中就需要深刻挖掘原文所蕴含的文化信息,进而将原文文化信息准确、清楚地再现到译文当中,在这一过程中可不必拘泥于原文的字面意思。例如:

It was Friday and soon they'd go out and get drunk.

译文 1:星期五到了,他们马上就会出去喝得酩酊大醉。

译文 2:星期五发薪日子到了,他们马上就会出去喝得酩酊大醉。

译文 1 是按照字面进行的翻译,看到这样的译文,读者恐怕难以理解为什么星期五到了人们就会出去买醉呢?因此,要准确翻译原文含义,首先要了解原文句子的文化含义。在英国 Friday 是发薪水的固定日期,所以到了这一天,人们领完工资之后就会出去大喝一场。译文 2 将 Friday 具体化,添加了 Friday 所隐含的文化信息,并完整地传达了出来,便于读者理解。

While it may seem to be painting the lily, I should like to

add somewhat to Mr. Alistair Cooke's excellent article.

译文 1：阿利斯太尔·库克先生的作品很好，但我还是要稍加几笔，而这似乎是给百合花上色。

译文 2：阿利斯太尔·库克先生的作品很好，尽管是吃力不讨好的事情，但我还是要稍加几笔。

原文中短语 paint the lily 的字面含义是"为百合花上色"，但其深层含义则表示做吃力不讨好的事情。译文 1 只做语义层面的转换翻译，而没有将原文的文化内涵翻译出来，进而使得译文意思含糊、不明确。译文 2 则超越原文字面的意思译出了其深层文化内涵，而且准确、清晰，便于读者理解。

二、再现源语文化特色

文化翻译还要注意再现源语文化特色。鲁迅先生曾指出，翻译必须"保存着原作的丰姿"，也就是说，译者在翻译时要将源语文化忠实地再现给译语读者，不能任意抹杀和损害源语民族文化色彩，尽量保证源语文化的完整性。例如：

贾芸对卜世仁说："巧媳妇做不出没有米的粥，叫我怎么办呢？"

（《红楼梦》第二十四回）

译文 1：… And I don't see what I am supposed to do without any capital. Even the cleverest housewife can't make bread without flour.

（David Hawkes 译）

译文 2：Even the cleverest housewife can't cook a meal without rice. What do you expect me to do?

（杨宪益夫妇 译）

原文中"巧媳妇做不出没有米的粥"也就是我们所熟知的俗语"巧妇难为无米之炊"，其表达的内在含义是即使聪明能干的人，如果缺少必要条件，事情也难以办成。译文 1 中，译者为了便于西方读者理解，将"没米的粥"译成没有面粉的面包（bread without flour），虽然出发点很好，但却忽视了作品的社会背景。上述句子出自中国的古典小说，西式面包的出现与整个作品中表达的中国传统文化氛围十分不协调，所以这样翻译并不妥当。译文2中，译者根据作品的社会文化背景，保留了原文中"米"的文化概念，再现了源语的民族文化特色。

　　总体而言，文化再现翻译原则体现了翻译的性质和任务，译者应始终牢记一点，即翻译的实质是交流文化信息，其真正的归宿是通过语际转换再现源语文化的信息内容。

第三节　文化翻译的策略

　　翻译的主要目的是实现信息的传递，促进文化交流，但实现这一目标还需要借助翻译策略。究竟文化翻译可以采用何种策略呢？本节就对常见的文化翻译策略进行具体分析与说明。

一、归化与异化策略

　　归化策略（domesticating translation）和异化策略（foreignizing translation）是文化翻译过程中常用的两种策略。

　　"归化"与"异化"这两个术语最初是由美国理论家劳伦斯·韦努提（Lawrence Venuti）在1995年出版的《译者的隐身———一部翻译史》（*The Translator's Invisibility：A History of Translation*）中首次提出的。两个术语的提出是基于德国哲学家施莱尔马赫（Schleiermarcher）的理论。施莱尔马赫认为，"要帮助译作的读者在不脱离译入语的情况下正确而完全地看懂原作，可以采取两种途径。一种是尽可能地不打扰原作者的安宁，让读者去接近作者；另一种是尽可能地不扰乱读者的安宁，让作者去接近读者。"①

归化策略是以目的语或者译文读者为归宿,将原文中的与目的语相异的要素用目的语本身代替,从而使得译文通俗易懂。异化策略是指以民族主义为中心,以源语或者原作者为归宿,将源语中的价值化归到目的语文化中,也即保持原有的"异国情调"。在这一基础上,翻译界产生了两种对立的观点,"归化派"和"异化派"。

尤金·奈达是归化的代表人物,他认为译文应是源语信息最贴近的自然对等。在他看来,译文的表达应该是自然的,不应为了理解源语信息而强迫目的语读者接受源语信息,而应尽可能地将源语的行为模式融入到目的语文化的范畴。

韦努提是异化策略的代表人物,他主张译文保存和反映异域民族特性和语言风格特色,并且突出原文的不同和特色之处,这样译者就从原来支配他们写作的规范中解放出来。

中国对"归化"和"异化"的研究始于直译与意译之争,大致分为三个时期。古代佛经翻译是第一个时期,这一时期的翻译研究是以佛经翻译为基础的。其中,佛经翻译家支谦主张意译,翻译评论家道安则主张直译,他们是最初提出直译与意译之争的人。而僧人兼翻译家玄奘则主张直译与意译相结合。第二个时期是近代西学翻译时期,在这一时期很多的西方文学被引入中国,大量的翻译家开始投身于此事业,如严复的学术翻译、林纾的小说翻译以及朱生豪的戏剧翻译等。在这一时期,中国翻译界出现了"翻译标准"的论战,集中讨论了信与顺的问题、直译与意译的问题、"欧化"与"归化"问题、重译问题。其中,"欧化"与"归化"问题就是本节所讨论的"归化"与"异化"问题。第三个时期是现代西学翻译时期,随着中西交流的日益频繁,越来越多的外国作品被翻译到中国。1987 年,刘英凯最先以"异化"翻译挑战占主流文化的"归化"翻译,他主张翻译应以"异化"为主,"归化"只会代领人

---

① 谭载喜.西方翻译简史[M].北京:商务印书馆,1991:135.

们误入歧途。此后,关于这两种翻译策略的争论激起了中国翻译界的热烈讨论。

实际上,两种不同的主张都是出于两种不同的出发点,在具体的翻译过程中,可根据具体情况合理地采用这两种策略,使两者互为补充。下面就分别对归化策略和异化策略进行说明。

(一)归化策略

归化策略是指以目的语文化为归宿点,将原文中的与目的语相异的要素用目的语本身代替,从而使得译文通俗易懂。归化策略要求译者采用译语读者习惯的表达方式传递原文信息,向译语读者靠拢,也就是采用自然、流畅的本民族语言表达方式来展现译语的风格和特点。可见,归化策略能有效消除因文化差异而产生的隔阂。

此外,归化策略还能有效增添译文的地道性和生动性。例如,如果将"The man is the black sheep of family."译成"那人是全家的黑羊。"肯定会使人感到迷惑,而如果译成"害群之马",喻意就会一目了然。再如,to seek a hare in hen's nest 归化翻译成"缘木求鱼",而不是"到鸡窝里寻兔";as poor as a church mouse 译为"穷得如叫化子"而不是"穷得像教堂里的耗子"。又如,汉语中的"鸳鸯"用于比喻情侣,但如果译成 Mandarin Duck,并不能使英语读者感受到其所传达的情侣相亲相爱的寓意,如果译成 love-bird,则能使英语读者产生同汉语读者一样的联想。

在翻译过程中,当在目的语中找不到与源语相对等的词语或表达时,归化策略就能发挥其独特的作用,即消除文化隔阂,促进文化交流。例如:

You seem almost like a coquette, upon my life you do—They blow hot and cold, just as you do.

你几乎就像一个卖弄风情的女人,说真的,你就像——他们也正像你一样,朝三暮四。

blow hot and cold 源自于《伊索寓言》,指的是一个人对爱人不忠实。如果将其直译为"吹热吹冷"则很难使读者理解,如果采用归化策略,用汉语中的"朝三暮四"来表达,那么原文意思就清晰易懂了。

The same principle often applies in the settlement of law-suits,a very large percentage of which end in what may be called a drawn game.

同样的原则也常常被用在诉讼裁决中,绝大多数诉讼都以"和气"收场。

原文中 a drawn game 具有"和局"的意思,虽然这种表达在汉语中也有,但如果将其译为"和局"则与汉语的表达习惯不符,所以将其译为"和气"更符合汉语的表达习惯,也利于读者理解。

Oysters are only in season in the R months.

原译:牡蛎在 R 月份里才当令。

改译:夏季牡蛎食不得。

如果采用异化策略将 R months 译为"R 月份",相信很多的汉语读者都不明白其含义。所以,将英美人心知肚明的文化直接强加给汉语读者是不负责任的行为。实际上,在英语文化中 R months 指的是九月(September)到第二年四月(April)之间的月份。因此,采用归化译法更易于汉语读者理解。

领如蝤蛴,齿如瓠犀。

(《诗经》"卫风·硕人")

译文 1:Her neck is like longicorn's larva;Her teeth are like melon seeds.

译文 2:Her swan-like neck is long and slim;Her teeth like pearls do gleam.

原文是对美人的描述,"蝤蛴"比喻脖颈白而长,"瓠犀"形容牙齿洁白整齐。译文 1 将汉语中的文化形象直接翻译为了英语,但这样的翻译根本无法使英语读者与美人产生联系。译文 2 放弃了原文的文化形象,采用归化法用英语读者习惯的形象 swan 和 pearls 作比喻,直观、清楚地表达了原文的含义。

此外,在翻译那些有着悠久历史、富含丰富的民族特色、承载着浓厚的文化信息的成语与典故时,归化策略也发挥着重要的作用。例如:

to grow like mushrooms 雨后春笋

butter flies in one's stomach 紧张不安

it rains cats and dogs 大雨滂沱

Fine feathers make fine birds.

人靠衣装,佛靠金装。

Beauty is in the eye of the beholder.

情人眼里出西施。

Talk of the devil and he will appear.

说曹操,曹操就到。

When in Rome,do as the Romans do.

入乡随俗。

Fools rush in where angel fear to bead.

初生牛犊不怕虎。

You can't make a crab walk straight.

江山易改,本性难移。

Every potter praise his own pot.

王婆卖瓜,自卖自夸。

Among the blind the one-eyed man is king.

山中无老虎,猴子称大王。

One boy is a boy,two boys half a boy,three boys no boy.

一个和尚挑水吃,两个和尚抬水吃,三个和尚没水吃。

但是,语言不仅仅是交流的工具,也是文化的载体,有时语言的形与意不能分开。归化策略虽然有效传达了原文的含义,但却忽略了原文的语言形式,这也是归化策略的缺点所在。只注重含义而忽视语言形式,所译出的译文有可能失去很多有价值的东西。每当遇到文化因素的翻译,译者都只在译语中寻找熟悉的表达方式,那么译文读者将不可能了解源语文化中那些新鲜的、具有民族特色的、不同于自己民族文化的东西,长此以往是不利于不同文化之间的交流与沟通的。

例如,英国学者霍克斯(Hawkes)所翻译的《红楼梦》读来就如同故事发生在英语国家一样,虽然具有很强的可读性,但是却改变了《红楼梦》中丰富的中国传统文化内涵。霍克斯将佛教用语"阿弥陀佛"译成"God bless my soul!"将具有佛教色彩的"天"译为西方的"神(God)",这很容易误导英语读者认为中国古人也信奉上帝。因此,采用归化策略进行翻译时也应注意分寸,要充分考虑原文的性质、文化色彩的强弱以及目的读者等因素。

(二)异化策略

异化策略是以源语文化为归宿点,主张保留外来文化的语言特色以及语言表达方式,也就是保持原有的"异国情调"。异化策略要求译者向作者靠拢,采用作者所使用的表达方式来表达源语的内容和思想,目的是让读者感受不同的民族特色,体会不同的文化和语言差异。

从读者的角度来讲,异化翻译策略可满足读者阅读外国作品时的好奇心理需求;从文化交流的角度而言,异化翻译策略也有利于不同民族之间了解与认知的加深。而且异化翻译通过彰显不同民族语言与文化的独特性,还能消除不同语言在文化地位上的不平等。例如:

To snatch ripe pleasure before the iron teeth of pain could have time to shut upon her…that was what love counseled.

在苦痛的铁腭还没有叼住你的时候,抢着享受已经成熟的欢乐。……这是爱情的忠告。

以上原文来自《德伯家的苔丝》,描写的是苔丝陷入爱情却又摇摆不定的心理活动。采用异化策略进行翻译不仅保留了源语的文化精髓,也能让读者了解源语生动、形象的习语表达。

I have a dream that one day even the state of Mississippi, a state sweltering with the heat of injustice, sweltering with the heat of oppression, will be transformed into an oasis of freedom and justice.

我梦想有一天，甚至连密西西比州这样一个充斥着不公和压迫而酷热难当的荒漠之洲，也将变成自由和正义的绿洲。

上述译文采用了异化翻译策略，很好地保留了原文生动的比喻，能让读者清楚地感受到其文化特色。

翻译家杨宪益认为，翻译的基础是人性的共同性，文化同类和艺术审美的超时空性最终消除了历史距离，但不是消除的一干二净，翻译作品可以多一点异国情调。杨宪益夫妇翻译的《红楼梦》就采用异化策略，很好地保留了作品中汉语的文化因素。例如：

宝玉笑道："古人云，'千金难买一笑'，几把扇子，能治几何?"

"You know the ancient saying,"put in Paoyu, "A thousand pieces of gold can hardly purchase a smile of a beautiful woman, and what are a few fans worth?"

一时的欢乐，万不可忘了那"盛筵必散"的俗语。

Whatever happens don't forget the proverb,"Even the grandest feast must have an end. "

真是天有不测风云，人有旦夕祸福。

Truly, storms gather without warning in nature, and bad luck befalls men overnight.

作者对上述中的"千金难买一笑""盛筵必散""风云""祸福"都进行了异化处理，充分保留了中国民族文化特色，也利于在英语读者中传递中国的"异族风情"。

随着世界各民族之间交流的频繁，不同文化间的隔阂越来越少，各民族在保持自己文化传统的同时，也乐于接受外来文化。因此，很多通过异化的词语已经成为了英语和汉语的一部分。例如：

ivory tower 象牙塔

sour grapes 酸葡萄

crocodile tears 鳄鱼泪

Pandora's box 潘多拉的盒子

a stick-and-carrot policy 大棒加胡萝卜政策

叩头 kowtow

丢面子 lose face

保全面子 keep face

纸老虎 paper tiger

二、归化与异化结合策略

归化策略和异化策略并非是不相容的,而是并行不悖、相辅相成的。作为文化翻译的两个重要策略,归化与异化之间是"二元对立"的关系,有着各自的特点和适用范围,所以不能偏颇任何一方,只有认识它们各自的优点,并将它们结合起来使用,才能达到最佳的翻译效果。

在具体的翻译实践中,应把握好分寸和尺度,不可走极端,过分的归化,不顾源语的民族文化特征,不顾原文的语言形式,一味地追求译文的通顺和优美,甚至在译文中使用一些具有独特的译语文体色彩的表达手段,都有可能会导致"文化误导"。例如:

Doe…a deer. a female deer. Ray…a drop of golden sun. Me … a name I call myself. Far…a long long way to run. Sew…a needle pulling thread. La … a note to follow sew. Tea…a drink with jam and bread. That will bring us back to doe.

朵,美丽的祖国花朵。来呀,大家都快来! 密,你们来猜秘密。发,猜中我把奖发。索,大家用心思索。拉,快点猜莫拖拉。体,怎样练好身体,做茁壮成长的花朵。

上述是影片 *Sound of Music* 中的一首歌词。虽然译文在风格上与原文相似,也表现出一种轻松、活泼、诙谐的情调,但其内容与原文却风牛马不相及。

在翻译中也不能过分强调异化,过分的异化,不顾译语的语言习惯，一味追求跟原文的形式对应，很可能影响译文的可读性，使得译文晦涩难懂。例如：

What a comfort you are to your blessed mother，ain't you，my dear boy，over one of my shoulders，and I don't say which！

(Charles Dickens：*David Copperfield*)

你那位有福气的妈妈，养了你这样一个好儿子，是多大的开心丸儿。不过，你可要听明白了，我这个话里可有偏袒的意思，至于是往左偏还是往右偏，你自己琢磨去吧！

（张谷若　译）

你是你那幸福的母亲多么大的安慰，是不是，我亲爱的孩子，越过我的肩头之一，我且不说是哪一个肩头了！

（董秋斯　译）

对于上述翻译，董秋斯刻意追求对原文的异化，虽然形式与原文相对应，但却不利于汉语读者理解。而张谷若采用归化的策略，清楚地译出了原文内在的含义，为汉语读者扫清了语言理解方面的障碍。

由此可见，翻译不能太过偏激，要在异化和归化之间找到一个合理的折中点。这需要译者仔细研究原文，弄清原文的意蕴，遵循在对翻译目的、作者意图、文本类型和读者对象等因素分析的基础上审慎地做出选择，准确把握好"化"的分寸。例如：

I gave my youth to the sea and I came home and gave her (my wife) my old age.

我把青春献给了海洋，等我回到家中见到妻子的时候，已经是白发苍苍。

上述翻译就综合运用了归化策略和异化策略。译者采用了归化策略将 I gave my youth to the sea 译为"我把青春献给了海洋"，采用异化策略将 I came home and gave her(my wife) my old age 译为了"等我回到家中见到妻子的时候，已经是白发苍苍"。归化和异化相结合的策略既传达了原文的含义，又还原了原文的形式。再如：

It is true that the enemy won the battle, but theirs is but a Pyrrhic victory.

敌人确实赢得了战斗，但他们的胜利只是皮洛士式的胜利——得不偿失。

The crafty enemy was ready to launch a new attack while holding out the olive branch.

狡猾的敌人，一边伸出橄榄枝，表示愿意讲和，一边准备发动新的进攻。

在处理归化策略和异化策略的关系时，有学者指出应将异化策略作为首选的翻译策略，归化策略作为辅助策略，也就是在可能的情况下尽量异化，必要时可归化。具体而言，两者的关系处理可遵循以下几点。

（1）在翻译实践中尽量采用异化法。要使译文达到"形神兼备"的效果，一般需要异化策略来完成。因此，在翻译中，如果异化策略能使译文晓畅达意，则应坚持采用异化策略。

（2）当单独使用异化策略无法令译文完全达意，此时就应考虑综合使用异化策略和归化策略。

（3）如果单独采用异化策略无法正常翻译，此时可采用归化策略，舍弃原文表层形式，传达原文深层含义。

总而言之，在处理异化与归化的关系时，要掌握适度原则，也就是说，异化时不妨碍译文的通顺易懂，归化时不改变原作的"风味"。

三、文化调停策略

当归化策略和异化策略都不能很好地处理翻译中的文化问题时，就可以考虑使用文化调停策略。

所谓文化调停策略，就是省去部分或全部文化因素不译，直接翻译原文的深层含义。这种翻译策略可以使译文通俗易懂，可读性强。但这一策略也存在一定的缺陷，即不能保留文化意象，也不利于文化的有效交流。例如：

刘备章武三年病死于白帝城永安宫,五月运回成都,八月葬于惠陵。

Liu Bei died of illness in 233 at present-day Fenjie County, Sichuan Province, and was buried in Chengdu in the same year.

原文非常简洁,但却包含了很多古年代、古地名等具有文化内涵的信息,这些信息在英语中基本没有与之相对应的词语,因此不宜采用归化策略。但是如果采用异化策略全用拼音直接译出或加注译出,则会使译文显得繁琐,而且也不利于译文读者理解。此时就可以考虑采用文化调停策略,直接译出其具体含义,虽然牺牲了部分文化因素,但增强了译文的可读性。

当他六岁时,他爹就教他识字。识字课本既不是《五经》《四书》,也不是常识国语,而是天干、地支、五行、八卦、六十四卦名等学起,进一步便学些《百中经》《玉匣记》《增删卜易》《麻衣神相》《奇门遁甲》《阴阳宅》等书。

(赵树理《小二黑结婚》)

When he was six, his father started teaching him some characters from books on the art of fortune-telling, rather than the Chinese classics.

原文中的《五经》、《四书》、地支、五行、《玉匣记》等有着丰富的文化内涵,但将这些内容译成英语是非常困难的,因为英语中根本没有与之相对应的词语,此时就可以采用文化调停策略,将其省去不译。

总体而言,在翻译实践中,译者应根据具体情况选用合适的翻译策略,以准确传达原文信息,并达到促进文化传播与交流的目的。

第五章

英汉语言文化对比与互译

英汉语言互译的诸多理论、方法及技巧等都是建立在英汉语言对比的基础之上的。对英汉两种语言异同的对比有利于更好地把握各自语言的特点,并为具体的翻译实践奠定坚实的基础。本章就从英汉语言的词汇、句法、语篇这三个层面进行对比分析,并在此基础上讨论英汉互译的方法。

第一节　英汉词汇对比与互译

基于英汉两种语言所属语系的不同,使得语言的基础——词汇也存在着很大的差别。本节就从性质、意义等方面对英汉词汇进行对比分析,并对英汉词汇的互译进行探讨。

一、英汉词汇对比

(一)英汉词汇性质对比

1. 英汉名词对比

(1)英汉名词的基本分类
通常而言,英语中的名词可以分为普通名词、专有名词、可数名词、不可数名词、集体名词等。汉语名词则可以分为普通名词、专有名词、抽象名词等。

（2）英汉名词的显著差别

首先，英语和汉语名词最明显的一个区别在于英语中的可数名词一般都有单数和复数形式，而汉语中的名词则没有单复数的区别，英语中的不可数名词的形式是固定的。例如：

There are some apples in the basket.

There is an apple in the basket.

There is some water in the cup.

以上三个句子充分证明了英语中可数名词与不可数名词的特点。汉语中的名词无论是单数还是复数，其表达方式是没有差别的。例如：

这本书——那本书

一把椅子——六把椅子

一斤苹果——二十斤苹果

其次，英语中的可数名词可以直接由冠词 a，an 或者 the 来修饰。例如，an hour，a book，another room，a thousand dollars 等。不可数名词的表示需要借助于量词的帮助。例如，a glass of water，a piece of paper，two kilos of meat 等。汉语中的名词可以直接加量词和数词来修饰。例如，一张纸、几点意见、八斤桔子、三天等。

再次，英汉名词的语法功能也有一定的差异，其差异主要体现在英语和汉语中谓语的差别上。表 5-1 是英汉名词语法功能差异对比。

表 5-1　英汉名词语法功能差异对比

语法功能	主语	谓语	宾语	定语	状语	补语	同位语
英语名词	＋	－	＋	＋	＋	＋	＋
汉语名词	＋	＋	＋	＋	＋	＋	＋

（资料来源：冒国安，2004）

从上面的表格可以清楚地看出,英语的名词不可以作谓语,汉语名词则可以。但是,汉语中并不是所有的名词都可以作谓语,一般可以作谓语的名词都是表示时间和天气的名词。例如:

今天星期天。

昨天晴天,今天阴天。

这本书十八块钱。

2.英汉动词对比

英语动词具有很多语法含义,可表达人称、数、时态等概念,其语法形态的变化十分丰富。英语中的人称和数指的是英语句子中的主谓一致原则,当句子的主语为单数时,句子中的动词也应该使用其相应的单数形式,但是如果句子中的主语是复数时,句子的动词要使用相应的复数形式。英语动词还具有很多种时态,英语中的动词是句子的中心。动词在句子中可以表示不同时态含义。例如:

eats 一般现在时,第三人称单数

eat 一般现在时,第三人称单数以外的所有人称

ate 一般过去时

shall eat 一般将来时,第一人称

will eat 一般将来时,第二、三人称

is eating 现在进行时,第三人称单数

汉语中没有时态变化,动词的语法含义由上下文以及语音、语调来实现。例如:

A:怎么啦?

B:来了/马上来/就来。

汉语中的"了"可以表示"完成"含义。"马上"和"就"则可以表示将来时。汉语中经常在动词的后面加"过"表示过去时。例如,吃过、来过等。

英语和汉语除了在语法功能上具有一定差异以外,在动词的搭配上也有所不同。英语中及物动词的后面必须接宾语,否则无

法构成正确的动词词组。例如:

A:Do you like the woman?

B:No,I don't like her at all.

汉语中及物动词的宾语一般不表示出来。例如:

A:你喜欢那个人吗?

B:不喜欢,一点都不喜欢。

3.英汉形容词对比

英语中,形容词作修饰语时一般放在被修饰词的前面,有时也可以放到被修饰词的后面,如 a big apple,a heavy bag,something wrong 等。汉语形容词作修饰语时,其位置一般是在被修饰词的前面。

英语中的形容词不可以作谓语,英语中的谓语只能由动词来担当。而汉语中的形容词则可以作谓语,主要用于表示事物的状态等。例如:

今天天气真热。

这孩子真漂亮。

4.英汉副词对比

英汉两种语言中副词的差异主要体现在以下方面。

(1)英汉副词在作补语时具有很大的差异,英语中副词作补语是为了对名词性词组或者介词进行补充说明,而汉语中副词作补语一般都是用来说明形容词或名词的。例如:

Let me in.

Have your slippers on.

这小孩儿调皮得很。

这本漫画书我喜欢极了。

(2)英语和汉语中副词位置也有所不同,英语中副词一般置于被修饰词的前面,也可以在其后。而汉语中的副词只能放在中心词的前面。例如:

very good

the meeting yesterday

很好

很重

(二)英汉词汇意义对比

在词汇意义方面,英汉两种语言也存在着明显的不同。

通常情况下,英语词汇一般分为"本义"和"转义"两大类型,并且具有词汇语义丰富、灵活生动、变化自如的特点。同时,英语词汇的"转义"在很多场合,如报刊杂志、科技文献以及文学作品中都得到了很好的运用。下面以 gnaw 一词为例进行具体分析,如表 5-2 所示。

表 5-2　gnaw 一词的"本义"和"转义"

gnaw	(1)	本义	咬;啃
	(2)	转义	使烦恼;折磨;腐蚀

同一词汇的两个不同层面的意义在具体的使用过程中也存在着诸多不同。

The rat gnawed a hole in the wooden box.

老鼠在木箱上咬了个洞。

该例使用了 gnaw 一词的本义。

Hunger gnawed at the prisoners.

饥饿折磨着犯人们。

该例使用了 gnaw 一词的转义。

汉语中的部分词汇也存在着"本义"和"转义"。就汉语与人的身体部位相关的词汇来看,在"本义"和"转义"这两个方面就存在着明显的区别。下面以汉语词汇"鼻""口""眼"为例进行具体分析,如表 5-3 至表 5-5 所示。

表5-3 "鼻"一词的"本义"和"转义"

鼻	1	本义：人、高等动物等的嗅觉器官。	例词：鼻子、鼻孔、鼻腔等。
	2	转义："创始"等隐喻义。	例词：鼻祖等。

表5-4 "口"一词的"本义"和"转义"

口	1	本义：人、动物等进饮食的器官，有的也是发声器官的一部分。	例词：病从口入、开口说话等。
	2	转义：(1)口味；(2)出入所经地等。	例词：伤口、出口、教育口等。

表5-5 "眼"一词的"本义"和"转义"

眼	1	本义：人、动物等的视觉器官。	例词：眼珠子、浓眉大眼等。
	2	转义：(1)孔洞、窟窿；(2)事物的关键环节或精彩点等。	例词：诗眼儿、针眼儿等。

二、英汉词汇互译

(一)阐释性译法

阐释性翻译就是对原来的词语进行一种阐释性的翻译，阐释性翻译可以帮助译者了解源语的内涵和原作的意图。当译入语中缺少相应的词汇时可以采用释义法进行翻译。例如：

定向招生 to stoll students who are pre-assigned specific posts or areas

下岗工人 laid-off workers

安居工程 housing project for low-income urban residents

班门弄斧

show off one's proficiency with the axe before Lu Ban，the master carpenter

本例在对"鲁班"进行翻译时，为了更好地向其他文化的读者阐释其文化内涵，在后面用 the master carpenter 加以阐释。

(二)词性转换译法

基于上述词汇的对比分析不难发现，英汉词性在很多方面存在着差异，因而在具体的翻译过程中，也应恰当地对词性进行转换。如在汉译英时应注意将汉语中的动词转化为英语中的名词、形容词等。例如：

在吉米·卡特当选总统后不久，据说他的顾问们就建议应当降低税收，扩大政府开支。

Shortly after Jimmy Carter's election as President，his advisers were reported as recommending lower taxes and higher government spending.

设计时，他常参考手册，查阅一些数据。

He often referred to handbooks for some data when designing.

同时，在英译汉时还可将英语中表示动词意义的形容词转换为动词，或将介词转换为动词、名词、形容词。例如：

Over a million people travel into central London every day from outside the city. They，and the people who live in London，want a public transport system that is frequent，safe，reliable，affordable and environmentally friendly.

每天有 100 多万人从城外涌向伦敦城中心，他们和住在伦敦城里的人一样希望伦敦的公共交通系统能够安全、可靠、环保、通车频率高、票价合理。

The number of left-handed people throughout the globe has been estimated to be over 350 million and this number is steadily on the increase.

统计数字显示,全球左撇子人数已经超过了 3.5 亿,而且人数还在稳步增长。

(三)加译处理法

在对英汉词汇进行翻译时,为了更加便于译文读者的理解,同时又能很好地保持原文的文化色彩,可对词汇进行加译处理,如在音译基础上或说明性的词汇后加上表示类别的词。例如:

rifle 来福枪

ballet 芭蕾舞

(四)融合译法

融合译法具体指的是在翻译时完全脱离了源语词义的限制,将原句中的词的意义蕴含于整个句子中,融合翻译法注重的是将句子中词汇的意义翻译出来,而不苛求句子形态上的一致。例如:

By the 1960s Sweden had become a throwaway society following the American pattern of wastefulness.

到 20 世纪 60 年代,瑞典已效仿美国的模式,变成了一个大手大脚、浪费成风的城市。

(五)音译法

在对英汉词汇进行翻译时,有些词特别是一些名词,为了保留词语原来的含义和意境,需要采用音译法进行翻译。

sofa 沙发

golf 高尔夫

beret 贝雷帽

panama 巴拿马帽

flatcap 扁软帽

karaoke 卡拉 OK

coffee 咖啡

nylon 尼龙

shampoo 香波

（六）转义分析译法

针对英汉词汇都存在"本义"和"转义"的情况，在翻译过程中就不能仅仅考虑原词汇的字面意义和表层结构，而应深入语言内部，抓住词汇的内在含义和本质。例如：

Most of the movement has brought African-Americans into neighborhoods much less black than those they left behind, thus increasing integration.

这场人口迁移活动很大程度上使非洲裔美国人搬离他们原先居住的社区，而移居到黑人较少的社区，从而提高了不同种族之间的融合程度。

本例在翻译时，可将 neighborhoods much less black 这一词组进一步解释为 neighborhoods in which there live more non-black people，其中的 black 本义是一种自然颜色，在此表示"美国黑人"。

对于这类词汇的翻译，如果不了解其中的文化内涵，很容易造成误译。因而，译者在进行翻译时首先就应先理解原文，然后再现其指称意义。类似的词汇还有很多。例如：

first blood 初战告捷

spend a penny 上厕所

wear one's birthday suit 赤身裸体

第二节　英汉句法对比与互译

　　由于英汉两种语言所属语系的不同,两种语言在句法层面也存在着明显的差异,这种句法层面的差异也给英汉互译带来了诸多麻烦和困难。本节就先对英汉句法层面的差异进行对比,然后对句法的具体翻译方法进行探讨。

一、英汉句法对比

(一)英汉句子形态对比

　　英汉句子在形态方面的主要特点表现为英语句子的刚性和汉语句子的柔性。

　　1.英语句子的“刚性”特点

　　英语属于综合型语言,其语法很精确,语言缺乏弹性。英语句子的刚性主要体现在句子结构上。英语句子中必须有主谓结构,主语不可或缺,谓语是整个句子的中心。英语句子可以按照其主谓结构形式分为下面五种基本类型。

　　(1)“主语+动词”结构

　　The meeting has begun.

　　会议开始了。

　　(2)“主语+动词+表语”结构

　　They are teachers.

　　他们是老师。

　　(3)“主语+动词+宾语”结构

　　The news surprised me.

　　这个消息使我感到惊奇。

（4）"主语＋动词＋直接宾语＋间接宾语"结构

She gives me a cake.

她给了我一块蛋糕。

（5）"主语＋动词＋宾语＋宾语补足语"结构

We elected him our monitor.

我们选他当班长。

无论英语句子的结构多么复杂，其都是从最简单的主谓结构发展而成，都可以根据主谓结构对其进行分析。英语中的复杂长句都是根据这五个基本句型组合或者扩展而来。例如：

Now the integrated circuit has reduced by many times the size of the computer of which it forms a part, thus creating a new generation of portable minicomputers.

现在集成电路成了计算机的组成部分，使计算机的体积大大缩小，从而产生了新一代的袖珍式微型计算机。

本例句是以从句的形式呈现的。

The kaleidoscope of shifting interests of the nations during the negotiation made it impossible to sort out the "winners" and "losers".

谈判期间，各国的利益变化不定，好像万花筒似的，这就使人难以分辨出究竟谁是"胜者"，谁是"输家"。

该例句是对基本句型成分的扩展。

A few stars are known which are hardly bigger than the earth, but the majority are so large that hundreds of thousands of earths could be packed inside each and leave room to spare; here and there we come upon a giant star large enough to contain millions of millions of earths.

人们所知道的几个星球并不比地球大多少，但绝大多数的星球却大得足以容纳成千上万个地球还绰绰有余；我们到处都能遇见大得足以包容千千万万个地球的巨星。

该段落是基本句型的组合。

英语中还经常利用基本句型的省略和倒装来构成新的复杂句子。例如：

To err is human, to forgive is divine.

人孰无过,恕过者神。

The greatest truths are the simplest, so are the greatest men.

最伟大的真理总是最朴素的,最伟大的人物也是最朴素的。

Never was night so still, never was a sky so deeply blue, nor stars so bright and serene.

夜从无如此沉寂,天从无如此深蓝,星亦从无如此明亮。

2. 汉语句子的"柔性"特点

汉语属于分析型语言,语言富有弹性。汉语中的主谓结构相对较为复杂,主要体现在句子中的主语和谓语这两大方面。

(1)汉语句子中的主语

汉语的柔性特点使得汉语句中的主语可有可无,且句子主语可以由很多成分担当。例如：

文章翻译完了。（受事主语）

The article has been translated.

全市到处在兴建新工厂。（地点主语）

New factories are being built all over the city.

现在正下着毛毛雨。（时间主语）

It's drizzling at the moment.

累得我站不起来了。（无主句）

I'm so exhausted that I can't stand up.

他有个女儿,（　）在北京工作,（　）已经打电话去了,（　）听说明天就能回来。（变换主语并隐含）

He has a daughter, who works in Beijing. Someone has phoned her and it is said that she will be back tomorrow.

（　）如今没奈何,（　）把你雇在间壁人家放牛,（　）每月可以得他几钱银子,你又有现成饭吃,只在明日就要去了。

There is no way out but to set you to work looking after our neighbor's buffalo. You'll make a little money every month, and you'll get your meals there too. You are to start tomorrow.

(2)汉语句子中的谓语

汉语中的谓语同样多种多样，可以是动词、名词或者形容词等，汉语的谓语与英语不同，谓语中可以不包含动词。例如：

天高云淡。（形容词作谓语）

The sky is high and the clouds are pale.

他出国留学去了。（连动式谓语：他出国＋他留学去了）

He has gone abroad for further studies.

别害怕，他能把你怎么样？（把字式谓语：把你怎么样）

Don't be afraid, what can he do to you?

不到黄河心不死。（紧缩式谓语：由"我如果不到黄河，心就不死"紧缩）

One will never stop until one reaches one's goal.

或 Ambition never dies until all is over.

这项合同经理要签名。（主谓式谓语：经理要签名）

This contract should be signed by the manager.

这姑娘长得漂亮，鹅蛋形脸，两眼又深又黑，披着又长又密的头发。

She is a pretty girl with an oval face, deep dark eyes and long heavy clinging tresses.

许多房子，盖着琉璃瓦，曲曲折折，无数的朱红栏杆。

（吴敬梓《儒林外史》）

Many houses were roofed with glazed tiles and set within winding red balustrades.

他们这群人，又想吃人，又是鬼鬼祟祟，想法子遮掩，不敢直接下手，真要令我笑死。

（鲁迅《狂人日记》）

All these people wanting to eat human flesh and at the same

time stealthily trying to keep up appearances, not daring to act promptly, really made me nearly die of laughter.

(二)英汉句子结构对比

在句子结构方面,英汉语言也存在很大的差异,主要表现在英语重形合,汉语重意合。

1.英语句子重形合

形合具体指的是句子与句子之间的连接主要采用自身的连接手段,如关联词 and,or,however 等来表达一定的语法含义和逻辑关系。

重形合的英语语言主张"造句时要保证形式完整,句子以形寓意,以法摄神,因而严密规范,采用的是焦点句法"。在英语中可以利用介词、连词、关系代词、关系副词、连接代词、连接副词等来实现句子之间的连接。例如:

And he knew how ashamed he would have been if she had known his mother and the kind of place in which he was born, and the kind of people among whom he was born.

他知道他该有多尴尬,如果她认识他母亲,认识他出生的这样的地方,认识他出生时周围的那些人的话。

Some fishing boats were becalmed just in front of us. Their shadows slept, or almost slept, upon that water, a gentle quivering alone showing that it was not complete sleep, or if sleep, that it was sleep with dreams.

渔舟三五,横泊眼前,樯影倒映水面,仿佛睡去,偶尔微颤,似又未尝深眠,恍若惊梦。

On campuses an across the United States, Americans who lectured and studied in China in the 1930s and 40s today are invigorating our own intellectual life—none of them with greater distinction than Professor John K. Fairbank, who honors us by joining my travelling party.

今天在美国的各个大学里,曾经于 30 年代和 40 年代在中国讲学并做过研究的美国人正活跃着美国的学术生活。他们中间最有名望的是费正清教授,他这次同我们一起访华,使我们感到荣幸。

And I take heart from the fact that the enemy, which boasts that it can occupy the strategic point in a couple of hours, has not yet been able to take even the outlying regions, because of the stiff resistance that gets in the way.

由于在前进的道路上受到顽强抵抗,吹嘘能在几个小时内就占领战略要地的敌人甚至还没有能攻占外围地带,这一事实使我增强了信心。

2. 汉语句子重意合

意合具体指的是词或者短句之间不使用连词来进行连接,各分句之间的连接主要依赖于各小句的意义关系和逻辑关系来实现。汉语重意合,主要表现在汉语中句子与句子之间没有很多的形式连接,而主要依靠句子的意义关系来表达一个完整的概念。例如:

通用语种的学生能熟练使用这门外语后,还要接受诸如外事翻译、语言学、文学、新闻、国际文化交流等方面的专业训练。这样毕业生在掌握一门外语之外,还具备一些专业的基础知识。

Students of commonly used foreign languages, after acquiring the ability to use the language efficiently, are trained in specialties such as foreign affairs translation, linguistics, literature, journalism, and intercultural communication so that the graduates will have a basic knowledge in these fields in addition to their mastery of a foreign language.

到南京时,有朋友约去游逛,勾留了一日;第二日上午便需渡江到浦口,下午上车北去。

(朱自清《背影》)

A friend kept me in Nanjing for a day to see sights，and the next morning I was to cross the Yangtze to Pukou to take the afternoon train to the north.

(三)英汉句子语态对比

语态是英汉语言的最重要差异之一,下面就对英汉句子语态的差异进行具体分析。

1.英语句子的语态特点

英语句子中动词的使用居多,并且大多数及物动词或类似于及物动词的词组都具有被动语态。因此,英语中的被动语态句式较为常见。通常在以下几种情况下经常使用被动语态。

(1)当句子的主语没有必要提及时。

(2)句子的中心话题是动作的对象。

(3)动作的实行者不明确。

(4)出于句子的衔接或出于礼貌原因时,都需要使用被动语态。下面就结合具体的例子进行分析。

The audiences are requested to keep silent.

请听众保持肃静。

Clinton is expected to give his testimony by videotape.

克林顿将会以录像带的形式提供证词。

This rubbish is being disposed of.

正在处理这些垃圾。

He appeared on the stage and was warmly applauded by the audience.

他出现在台上,观众热烈鼓掌欢迎。

In the course of my travels in American I have been impressed by a kind of fundamental malaise which seems to me extremely common and which poses difficult problems for the social reformer.

我在美国旅行期间,注意到了一种根深蒂固的忧郁症。我觉得这种忧郁症似乎极其普遍,这就给社会改革家出了难题。

2. 汉语句子的语态特点

英汉语言中被动语态的使用不仅在数量上存在差异,在被动语态的表达上也存在明显的不同。汉语被动语态一般由相应的表示被动语态的词汇来提示,最常见的被动语态提示词有让、叫、被、给、遭、由、加以、予以、为……所等。例如:

他的建议被否决了。

His suggestion is rejected.

我们挨了半天挤,什么热闹也没看到。

We were pushed and elbowed in the crowd and did not even have a glimpse of the fun.

他买到了想买的地毯,但是让人骗了。

He did get the carpet he wanted, but he was taken for a ride.

此外,汉语中还有一种被动句式,这些句式中没有明显的被动提示词,但在主谓关系上却具有被动含义,这样的被动句式在汉语中也很常见。例如:

每一分钟都要很好地利用。

Every minute should be made good use of.

这个任务必须按时完成。

This task must be fulfilled in time.

二、英汉句法互译

(一)解说译法

英语句子经常将解释与说明放置句尾,因而具有句尾开放的特点。汉语复句分句间也通常有解释说明和总分的关系,因而可采取解说译法进行翻译,先依据英语句意对汉语进行解说,先分后总或先总后分来翻译。例如：

This has become a kind of code, in which few words are spoken because each, along with its attendant murmurings and pauses, carries a wealth of shared assumptions and attitudes.

这已经成了一种社会惯例,话语极少,因为每一个词,随着说话人的沉吟与停顿,都表达了大量相互默契理解的心思与态度。

本例中原句包含一个定语从句、一个原因状语从句以及一个介词短语。主句先进行总述,然后从句对内容进行详细解释,和汉语的叙述方式很雷同,因而采用解释法的翻译技巧进行翻译更为恰当。

(二)分合译法

在对英汉句子进行翻译时,分译和合译也不失为两种很好的翻译方法。下面就对这两种翻译方法进行具体分析。

1.分译法

采取分译法翻译句子就是在对某个单词或短语进行翻译时,为了使译出的单词或短语既有地方放置又忠实于原文,通常可以将原文的一个单词或短语译成一个分句或简单句。例如:

Her informality impressed me deeply.

不拘礼节,这是她给我留下的深刻印象。

本例在翻译时将名词译成了句子。

She arrived in Washington at a ripe moment internationally.

她来到华盛顿,就国际形势而言,时机正合适。

本例在翻译时将介词短语译成了句子。

Incidentally, I hope to get better education in these countries than I can get here in the United States.

顺便提一下,我希望能在这些国家受到比在美国还要好的教育。

本例在翻译时将副词译成了句子。

2. 合译法

运用合译法翻译句子就是把原文中两个及两个以上的简单句或一个复合句在译文中用一个单句来表达。这种翻译方法的运用旨在使译文符合汉语表达习惯。例如：

Claire was born with a silver spoon in her mouth who thought that she could do whatever she wanted.

克莱尔出生在富贵之家,认为凡事皆可随心所欲。

本例在翻译时将原文的主从复合句译成了一个单句。

The time was 11:30, and traffic on the street was heavy.

11:30 的时候,街上来往的车辆拥堵。

本例在翻译时将原文中的并列复合句译成了一个单句。

(三)语序调整法

语序调整译法主要是通过调整句中的词语顺序,按译语的表达方式,依照时间先后、逻辑关系改变源语的表达顺序。英语和汉语在语言结构上存在许多差异,这就使得原句中的某个成分或某些成分与译文中的位置有所差别,语序的调整是为了使译文更加符合译入语的表达习惯。例如：

In the case of quotas allocated among supplying countries, the contracting party applying the restrictions shall promptly inform all other contracting parties having an interest in supplying the product concerned of the shares in the quota currently allocated, by quantity or value, to the various supplying countries and shall give public notice thereof.

当配额系在各供应国间进行分配的情况下,实施限制的缔约国应将最近根据数量或价值分配给各供应国的配额份额,迅速通知与供应产品有利害关系的所有其他缔约国,并应公告周知。

本例为一个长难句,译文只是将句子主干内的状语 concerned of the shares in the quota currently allocated, by quantity or value 根据汉语习惯调至谓语"通知"之前,整体结构与原文保持一致,使得译文行文更加流畅。

(四)切分译法

切分译法在英语长句的翻译中使用得比较频繁,它是将英语长句依照意群切分成若干小句再进行翻译。例如:

Owing to the remarkable development in mass-communications, people everywhere are feeling new wants and are being exposed to new customs and ideas, while governments are often forced to introduce still further innovations for the reasons given above.

由于大众通信的显著发展,世界各地的人们不断感到有新的需求,不断接触到新的习俗和思想。而各国政府由于上述原因,常常不得不推出进一步的革新措施。

本例运用切分法进行了翻译,将 while 引起的转折句另起作为新句独立了出来。

(五)内嵌/包孕译法

内嵌译法在翻译英语定语结构时运用得比较广泛,通常将句子译作"……的……"结构。例如:

This is no class war, but a war in which the whole British Empire and Commonwealth of Nation is engaged, without distinction of race, creed, or party.

这不是一场阶级之间的战争,而是一场不分种族、不分信仰、不分党派,整个大英帝国及英联邦全体成员国无不参加的战争。

本例中,"... in which the whole British Empire and Commonwealth of Nation is engaged, without distinction of race, creed, or party."为定语结构,运用内嵌法将其翻译为"……不分种族、不分信仰、不分党派,整个大英帝国及英联邦全体成员国无不参加的……"使得原文结构得以保持,给人一种一气呵成的感觉。

第三节　英汉语篇对比与互译

词汇和词组构成句子,而句子和句群等又构成语篇。英汉两种语言在词汇和句法方面存在很多差异,因而其在篇章的谋篇布局上也存在较大差异,对这些差异进行对比分析对语篇的理解和翻译意义重大。本节就先结合英汉语篇的几点异同进行对比分析,并在此基础上探讨语篇的互译。

一、英汉语篇对比

(一)英汉语篇连贯性对比

语篇往往都是具有相对完整语言意义的语言单位,因而语篇意义内容层面的完整性有利于更好地确保其语义的连贯性。也就是说,作为最高层的语言意义单位,语篇不仅应具有形式层面的衔接,还应确保意义层面的连贯。

语义连贯是语篇的实质性特点,各种有形的连接是语篇的组织形式,仅有衔接没有连贯不能被称为语篇,兼具衔接和连贯属于语篇的显性连贯,仅有连贯而无衔接属于语篇的隐性连贯。

英汉语篇都是如此,两种语言的语篇都具有篇章意义的连贯性这一共同点,但是在具体的衔接和连贯方式层面并非完全对应。在进行英汉语篇互译时,可以将英语语篇中的显性连贯译成汉语语篇的隐性连贯,或者将汉语语篇的显性连贯译成英语语篇的隐性连贯。

(二)英汉语篇思维倾向对比

英汉语篇在组织成文过程中,其思维的倾向也存在着诸多差异,具体体现在英语语言文化下典型的逆向思维和汉语语言文化下典型的顺向思维。

通常情况下,英语语篇是先求证后假设,先说明结果后阐述原因,汉语则与之相反。例如:

It is impossible to overestimate the value of the invention……

与之相对应的汉语译文为:这项发明的价值,无论怎样估计也不会太高……

由此可见,在语篇表达的思维倾向方面,英汉语言存在着明显的不同。

(三)英汉语篇建构导向对比

英汉篇章在建构导向方面也存在着明显的不同,具体体现在英语篇章的作者负责型和汉语篇章的读者负责型。

英语篇章的作者负责型具体是指作者有责任将文章所要表达的观点与思想从一开始就用一个句子明确地告诉读者。

汉语篇章的读者负责型的篇章模式是通过文章的描述、论述等将所要表达的思想内容含蓄地反映出来,并将理解与不理解之类的责任放在读者身上。

英汉语篇的这一特点往往在内容层面体现得最为明显,在进行语篇理解和翻译时应对这一特点加以考虑。

二、英汉语篇互译

(一)段际连贯的等值译法

大体来看,英语段落往往由主题句、扩展句和结论句组成。主题句用于提出所论述的主题,扩展句则是通过必要细节的描述对主题进一步论证说明,结论句是对全文的总结,在论证基础上得出结论。三者相辅相成,是段落的必要成分。同时,英文段落结构还往往具备如图 5-1 所示的基本特征。

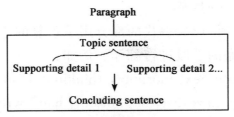

图 5-1　英语段落的基本特征

（资料来源：杨贤玉，2010）

　　基于以上对英语段落特征的简要分析，下面结合具体的段落内部连贯性的翻译作进一步探究。

　　段内连贯指的是段落内容之间的整体联系，在翻译时应注意篇章中段内的连贯性。为保持其连贯性，一般较多使用重复、省略以及替代等手段。具体有以下几种情况。

　　（1）运用重复的手段进行翻译。例如：

I had scarcely got into bed when a strain of music seemed to break forth in the air just below the window. I listened, and found it proceeded from a band, which I concluded to be the waits from some neighboring village. They went round the house, play under the window. I drew aside the curtain to hear them more distinctly. The moonbeams fell through the upper part of the casement, partially lighting up the antiquated apartment. The sounds, as they receded, became more soft and listened—they became more and more tender and remote, and, as they gradually died away, my head sunk upon the pillow, and I fell asleep.

　　我刚要上床睡觉，一串乐声似乎就在窗下响起。我侧耳倾听，发现是一个乐队在演奏，我断定是邻村来的乐队。他们绕着屋子走，在窗下奏乐。我拉开窗帘以便听得更清楚。月光透过落地窗的上部，部分地照亮了这一古旧的房间。随着乐声的远去，声音变得更加轻柔飘渺，似乎和谐地与四周的宁静及月光相伴。我倾听着倾听着——乐声越来越微弱，越遥远，逐渐地逝去。我的头落在枕头上,安然睡去。

本例英译汉时,原文替代的部分用了重复的手段进行翻译。

(2)运用省略的手段进行翻译。例如:

I woke up the next morning, thinking about those words—immensely proud to realize that not only had I written so much at one time, but I'd written words that I never knew were in the world. Moreover, with a little effort, I also could remember what many of these words meant. I reviewed the words whose meanings I didn't remember. Funny thing, from the dictionary first page right now, that aardvark springs to my mind. The dictionary had a picture of it, along-tailed, long-eared, burrowing African mammal, which lives off termites caught by sticking out its tongue as an anteater does for ants.

第二天早晨醒来时,我还在想那些单词。我自豪地发现不仅自己一下子写了这么多,而且以前我从来不知道世界上存在着这些词。并且,稍加努力,我也能记住许多单词的意思,随后,我复习了那些难记的生词。奇怪的是,就在此刻,字典第一页上的一个单词 aardvark(土豚)跃入了我的脑中。字典上有它的插图,是一种生长在非洲的长尾、长耳的穴居哺乳动物,以食白蚁为生,像大食蚁兽一样伸出舌头捕食蚂蚁。

本例中英语原文使用的连接词比较多,在翻译成汉语时很多连接词都被省略了。

(3)运用替代的手段进行翻译。例如:

Let me just stand here a little and look my fill. Dear me! It's a palace—it's just a palace! And in it everything a body could desire, including cosy coal fire and supper standing ready. Henry, it doesn't merely make me realize how rich you are; it makes me realize to the bone, to the marrow, how poor I am—how poor I am, and how miserable, how defeated, routed, annihilated!

让我在这儿站一会儿吧,我要看个够。好家伙! 简直是个皇宫——地道的皇宫! 这里面一个人所能希望得到的,真是应有尽有,包括惬意的炉火,还有现成的晚饭。亨利,这不仅只叫我明白你有多么阔气;还叫我深入骨髓地看到我自己穷到了什么地步——我多么穷,多么倒霉,多么泄气,多么走投无路,真是一败涂地!

本例结合修辞的需要,在对英语中使用的重复进行翻译时使用了替代。

(二)篇章衔接的等值译法

基于篇章是由连贯的句子、语段而构成的或短或长的语义整体,因而其翻译的技巧和上文所述的词汇、句法以及段落等的翻译技巧也存在很多相通之处,但同时由于篇章具有语境这一特殊性,因此译者也能借助下文对原语篇的主题内容、中心思想有较为准确的理解。篇章翻译的技巧也可以从衔接、连贯、情景语境以及构篇功能等几个层面进行研究。在此仅从篇章衔接性的翻译进行具体分析。

篇章衔接是指运用一定的语言手段,使一段话中的各部分在语法和词汇上联系起来。衔接是语段、语篇的重要特征,也是篇章语言学的重要术语和语篇翻译的一个重要环节。衔接的优劣直接关系到话语题旨或信息能否被读者理解和接受。通常而言,语篇衔接又可分为词汇衔接和结构衔接。

因此,在进行英汉翻译时,译者也要通过一定的衔接手段,将句子与句子、段落与段落按照一定的逻辑组织起来,使译文构成一个完整的语义单位。例如:

The human brain weighs three pounds, but in that three pounds are ten billion neurons and a hundred billion smaller cells. These many billions of cells are interconnected in a vastly complicated network that we can't begin to unravel yet ... Computer switches and components number in the thousands rather than in the billions.

人脑只有三磅重,但就在这三磅物质中,却包含着一百亿个神经细胞,以及一千亿个更小的细胞。这上百亿、上千亿的细胞相互联系,形成一个无比复杂的网络,人类迄今还无法解开这其中的奥秘……电脑的转换器和冗件只是成千上万,而不是上百亿、上千亿。

(三)篇章语域的等值译法

篇章语域主要指的是篇章的使用场合及其作用,不同的篇章具有不同的目的和作用,如文学篇章应该具有艺术性以及美感,给人一种美的享受。在进行英汉互译时,应该准确把握不同篇章的特点,使译文的深层涵义和篇章的艺术性得到很好的传译。例如,针对科技文章的翻译,应注重其准确性和专业性的传译。针对广告语言的翻译,主要是为了宣传产品以及吸引消费者的注意力,促使其消费,因此翻译广告语言应注意其号召性和说服力的传译。因此,翻译时不能生搬硬套一些翻译技巧和原则,而应该对篇章的使用场合和目的等给予充分了解,进而选择合适的翻译方法。例如:

Established in the 1950s, East China Normal University, led by the Ministry of Education and nourished by the rich resources of the modern city of Shanghai, has developed quickly among the institutions of higher teaming. It was listed as one of the sixteen key universities in China as early as 1959. Nearly fifty years of development has shaped it into a prestigious comprehensive university, influential both at home and abroad. Right at the arrival of the new century, we are determined to seize the opportunities, meet the Challenges, unite and work as hard as before, and contribute our fair share to the development of ECNU.

崛起于 20 世纪 50 年代初的华东师范大学,得益于物华天宝、人杰地灵的国际大都市上海这片沃土的滋养,又得利于国家和教育部对师范教育的关怀与重视,在全国高教院系调整中发展壮大起来,早在 1959 年就已跻身于全国 76 所重点大学之列。经过将近半个世纪的辛勤耕耘,华东师大已经发展成为一所学科比较齐全、师资实力比较雄厚、具有一定办学特色、在国内外具有相当影响的教学科研型大学。在新世纪到来之际,我们一定要抓住机遇,迎接挑战,励精图治,奋发图强,继续发扬艰苦奋斗、团结协作、勇于拼搏、开拓创新的精神,为华东师范大学的振兴与腾飞,贡献出我们所有的智慧与力量。

　　本例是一则学校的简介,其文章翻译得体恰当,对内容进行灵活处理,并没有采取直译法来翻译,而是将其变为更加符合汉语表达习惯的句子。

第六章

英汉习语、典故、宗教文化对比与互译

习语、典故和宗教文化都是语言文化内涵的重要载体，体现了鲜明的民族文化特色和文化信息。对这些文化元素进行对比分析和互译对不同文化下人们的沟通、交流和了解有着非常重要的作用和积极的意义。本章就围绕英汉习语、典故、宗教文化的对比和互译问题进行探讨。

第一节　英汉习语文化对比与互译

习语是某一语言在长期使用的过程中所形成的独特、固定的表达方式，在语言方面呈现出通俗、精辟、寓意深刻等特点。作为语言中的精华，习语不仅孕育着多姿多彩的文化内容，而且反映出不同民族独有的文化特色。本节先对英汉习语文化进行对比，然后对其互译进行分析。

一、英汉习语文化对比

(一)英汉习语结构形式对比

从结构形式方面来看，英汉习语存在着诸多不同，具体体现在以下几个方面。

1. 英语习语的结构形式

就英语习语而言，其结构形式的灵活性特点比较明显，可松可紧、可长可短。例如：

What one loses on the swings one gets back on the round-abouts.

失之东隅，收之桑榆。

Hair by hair you will pull out the horse's tail.

矢志不移，定能成功。

One boy is a boy，two boys half a boy，three boys no boy.

一个和尚有水吃，两个和尚挑水吃，三个和尚没水吃。

2. 汉语习语的结构形式

就汉语习语的结构形式来看，整体呈现出用词简练、结构紧凑的特点，并且大多为词组性短语。从习语的字数来看，多为两个字、三个字或四个字的结构形式。当然，也有少部分字数较多的对偶性短句。例如：

踏破铁鞋无觅处，得来全不费工夫。

螳螂捕蝉，黄雀在后。

但是，这类汉语习语实属凤毛麟角，也有很多采用四字结构，偶尔有二字或三字组成的情况，但相对来说并不多见，如"不到长城非好汉""说曹操，曹操到"等。

(二)英汉习语对应程度对比

整体而言，英汉习语在对应程度方面存在着对应、半对应和不对应这几种情况。下面就对这几种情况进行具体分析。

1. 英汉习语的对应性

虽然英汉民族在思维方式、生活习惯、认知能力等很多方面存在着诸多差异,但是二者赖以生存的外部条件,包括地理状况、季节更迭、气候变化等仍存在着种种共性。这种共同的认知反映在语言层面便可通过习语表达出来,英语和汉语都是如此,英语有许多习语在字面意义、喻体形象和比喻意义方面与汉语习语有很多一致性。这些习语在两种语言中不仅具有相同的语义,在表达方式与结构上也高度相似,并且这种对应关系从字面意义上便一目了然,这些习语被称之为"相互对应的习语"。例如:

pour oil on the flame 火上浇油

to be on thin ice 如坐针毡

throw cold water on 泼冷水

to draw a cake to satisfy one's hunger 画饼充饥

A beggar's purse is bottomless.

乞丐的钱袋是无底洞。

A bird is known by its note and a man by his talk.

闻其歌知其鸟,听其言知其人。

Think with the wise, but talk with the vulgar.

同智者一起考虑,与俗人一起交谈。

A burden of one's choice is not felt.

爱挑的担子不嫌重。

2. 英汉习语的半对应性

英汉两种语言属于不同的语系,属于不同民族的母语,不同环境的人们在生活经历和对外部世界的看法上也不可能完全一致。语言是客观事物在人们头脑中的具体反映,客观外部环境不同,对外部世界的认知也会引起习语的部分不对应。

英语习语和汉语习语都是在其文化的发展过程中,经过长期的社会实践所提炼出来的短语和短句,是文化中的精华。因此,在具体的习语表达形式上也会呈现各自特有的文化内涵。

英汉习语与其民族的文化历史渊源密切相关,并在社会、历史、心理、民俗等各类现象中得以反映。英汉习语的意义兼顾字面意义和文化意义。我们在理解习语的同时，也要对其意象加以转换，用合适的目的语阐释其内涵。这些不完全对应的习语被人们称为"半对应的英汉习语"。例如：

after one's own heart 正中下怀

plentiful as blackberries 多如牛毛

as silent as the graves 守口如瓶

castle in the air 空中楼阁

fish in the water 水中捞月

between the devil and the deep sea 进退维谷

to hit someone below the belt/to stab someone in the back 暗箭伤人

Beat the dog before the lion.

杀鸡给猴看。

Take not a musket to kill a butterfly.

杀鸡焉用宰牛刀。

A word spoken is past recalling.

一言既出，驷马难追。

3. 英汉习语的非对应性

由于英汉两个民族之间的差异，有的事物或现象，你有我无，反之亦然。在语言词汇或表达习惯上难免会出现各种各样的偏差。在英语习语中，存在大量与汉语习惯用法和汉文化特征大相径庭的习语即非对应的习语。例如：

bull market 牛市

bear market 熊市

good luck 红运

one's face glowing with health 红光满面

二、英汉习语文化互译

(一)保留形象释义法

在对英汉习语进行互译时,保留形象释义法就是保留原文中的人物、事件等的原有形象,为了方便译入语读者的理解,对这些原有形象进行进一步解释的方法。例如:

蛮夷小丑,如何瓜分得中国了,劝你不必"杞人忧天",天不会垮的。……

(李六如《六十年变迁》第二章)

How in the world could those despicable foreign barbarians "partition" a country like ours? ... The sky will not fall apart mind! It is not necessary to worry about that!

在对本例中的"杞人忧天"这一习语进行翻译时,就采用了保留其原有形象的译法。

(二)变换形象意译法

变换形象意译法是指在翻译习语时,为了使译入语读者完全理解原文意思,采用不再保留原文中人物等原有形象的方法进行变换形象意译。例如:

这都是汪太太生出来的事,"解铃还须系铃人",我明天去找她。

(钱钟书《围城》)

Mrs. Wang is the one who started it all. "Whoever ties the bell around the tiger's neck must untie it." I am going to see her tomorrow.

(珍妮·凯利、茅国权 译)

在对本例中的"解铃还须系铃人"这一习语表达进行翻译时,采用了变换形象意译的方法。

(三)舍弃形象意译法

舍弃形象意译法就是将原文中的人物等形象完全舍弃掉,纯粹采用意译法进行翻译。例如:

姐姐通今博古,色色都知道,怎么连这一出戏的名字也不知道,就说了这么一串子,这叫做"负荆请罪"。

(曹雪芹《红楼梦》第三十回)

Why, cousin, surely yon're sufficiently well versed in ancient and modern literature to know the title of that opera. Why do you have to describe it? It's called Abject Apologies.

(杨宪益、戴乃迭 译)

在对本例中的"负荆请罪"进行翻译时,舍弃了其原有形象进行了意译。

(四)转换形象套译法

由于中西两种语言的差异和不同的民族文化背景,习语在翻译时需要转换为译语读者所熟悉的形象。这些习语在内容和形式上都相符合,即对某一具体问题的思维方式和结果以及具体的表达形式有不谋而合的情况,两者不但有相同的隐义,而且还有大体相同的形象和比喻。因此,可以使用套译,以达到语义对等的效果。例如:

虎口拔牙/太岁头上动土 beard the lion

spend money like water 挥金如土

While there is life, there is hope.

留得青山在,不怕没柴烧。

Fools rush in where angles fear to tread.

初生牛犊不怕虎。

第二节　英汉典故文化对比与互译

典故可以说是对历史的浓缩,它不仅承载着过往的历史,而且也凝结着本民族的聪明智慧。典故折射着民族曾经的光辉历史,是民族文化的一座宝藏。对典故文化进行对比与互译,可以使不同民族的人们了解异国他乡的历史,促进世界各民族间的交流。下面就对英汉典故文化对比及其互译进行探究。

一、英汉典故文化对比

(一)英汉典故设喻方式对比

英汉典故在来源方面是基本一致的,因而各自典故的设喻方式也大体类似。概括来看,英汉典故的设喻方式通常有以下几种类型。

1.借助于地名设喻

借助于地名设喻指的是将特定时间或故事所涉及的地名作为喻体,用以表达一种特定的寓意或喻指。例如,英语中的 meet one's Waterloo(遭遇滑铁卢),滑铁卢是比利时的一个城镇,在这里发生的滑铁卢战役中,拿破仑率领的法军战败,后人就用此语来喻指惨遭失败。

汉语中也有这样的典故。例如,"东山再起"的典故讲的是东晋谢安退职后退隐东山做隐士,但是后来又出山任了朝廷要职,后来此语便用来喻指失势之后重新恢复地位、权势等。

2.借助于人物设喻

借助于人物设喻是指将特定时间或故事所涉及的人物作为

喻体,来表达一种特定的寓意。

例如,英语中有 a Herculean task(赫拉克勒斯的任务),这一典故取自古希腊神话,赫拉克勒斯是主神宙斯之子,力大无比,故被称为大力神,所以该典故用来喻指艰难的、常人难以完成的任务。再如,Shylock(夏洛克)是莎士比亚喜剧《威尼斯商人》中的一位内心残忍的守财奴,经常被用来指那些既吝啬小气又手毒心狠的人。

汉语中也有许多以人物设喻的典故。例如,"孟母三迁"原本说的是孟子的母亲在孟子幼年时,十分重视对邻居的选择,目的是为了给他选择一个良好的教育环境来教育他,并因此曾三次迁居,后来被用来喻指选择良好的居住和教育环境对于儿童教育的重要性。其他的以人物设喻的汉语典故还有"成也萧何,败也萧何""姜太公钓鱼""王祥卧冰"等。

3. 借助于事件设喻

借助于事件设喻是指将特定的事件或故事作为喻体,用以表达一种特定的寓意或喻指。

例如,英语典故 the Last Supper 出自基督教故事:耶稣基督得知自己将被一门徒出卖之后,依然从容坚定,召集十二门徒共进最后的晚餐,同时当场宣布这一预言。后用该典故喻指遭人出卖。

汉语文化中也有很多以事件设喻的典故。例如,"负荆请罪"这一典故讲的是战国时期廉颇为自己的居功自傲、慢待蔺相如而向其负荆请罪,从而使将相复合。后用该典故指认错赔礼。

4. 借助于动植物设喻

借助于动植物设喻是指将特定的事件或故事所涉及的动植物作为喻体,用以表达一种特定的寓意。

例如,英语典故 scapegoat(替罪羊)源自《圣经》故事,讲的是大祭司亚伦将通过抽签抽来的一只大公羊作为本民族的替罪羊放入旷野以带走本民族的一切罪过。现用来指代人受过或背黑锅的人。

在汉语文化中,"鹬蚌相持,渔人得利"也是以动植物设喻的典型例子。讲的是一只蚌张开壳晒太阳,鹬去啄它,被蚌壳钳住了嘴,在双方相持不下时,渔翁来了,把两个都捉住了,后人用这一典故来喻指双方相互争执,却让第三方得了利。再如,"草木皆兵",前秦苻坚领兵进攻东晋,进抵淝水流域,登寿春城瞭望,见晋军阵容严整,又远望八公山,把山上的草木都当作晋军而感到惊惧,后来被借来喻指惊慌之时的疑神疑鬼。类似的典故还有"狐死首丘"等。

(二)英汉典故文化渊源对比

英语与汉语中的很多典故都从神话传说、历史故事、寓言故事、宗教信仰、文学作品以及风俗习惯中汲取营养,创造了很多脍炙人口的典故。此外,还有一部分英语典故来自影视作品、体育运动或社会生活。下面就对两种文化下的典故文化渊源进行对比分析。

1. 英语典故的文化渊源

英语典故的文化渊源主要包括以下几个方面。

(1)历史事件

英国虽然也是一个历史悠久的国家,但是却只有少数反映本民族故事的历史典故。在英语文化中,有很多来源于欧洲众多国家历史事件的历史典故。例如,draw a line in the sand(划定一个限度),plumber(管道工/堵塞漏洞、防止泄密人员),smoking gun(冒烟的枪/确凿的证据),shuttle diplomacy(穿梭外交),Tokyo Rose(东京玫瑰)等,类似的英语典故还有很多。

Pyrrhic victory(皮洛士的胜利)喻指得不偿失的胜利。这一典故来源于古希腊时期。伊比鲁斯(Epirus)的国王皮洛士(Pyrrhus)在公元前281年、279年两次率重兵渡海征战意大利,在付出了巨大的代价后取得了胜利。

fiddle while Rome is burning(面对罗马火灾仍弹琴作乐)喻指大难临头却依然寻欢作乐,对大事漠不关心。公元 64 年,罗马帝国首都罗马遭遇大火,而当时的罗马皇帝尼禄(Nero)却依然无动于衷,坐在高高的城楼上一边弹奏乐器、哼唱歌曲,一边欣赏着眼前的火灾。

Gold Rush(淘金热)喻指做某事的热潮。这一典故原意是指美国历史上西部淘金时期的高峰期。

"Give me liberty or give me death."(不自由,毋宁死。)这一至今广为流传的名言出自美国独立革命领导人之一、演说家帕特里克·亨利(Patrick Henry)。在 1775 年弗吉尼亚第二届革命大会上,帕特里克·亨利在发表演说时提出了这一名言,号召北美殖民地人民团结起来反抗英国统治,并预言战争即将爆发。

fifth column(第五纵队)喻指渗透打入敌人内部、进行暗中破坏和里应外合的间谍或内奸。该典故源自西班牙内战,当时佛朗哥的莫拉将军声称,他有四支纵队从四面八方保卫马德里,而"第五纵队"则在城内与其策应。

"The only thing we have to fear is fear itself."(我们唯一不得不感到恐惧的就是恐惧本身。)这句人们经常引用的名言出自富兰克林·罗斯福(Franklin Roosevelt)总统在 1933 年 3 月 4 日的就职演说。当时美国正遭遇着经济大萧条,处于严重困难时期,罗斯福在就职演讲上希望全国人民能够镇定自若,在危急时刻支持政府。

(2)古代经典

英语文化中还有许多典故来自古代的经典作品,特别是古希腊和古罗马神话,还包括各种民间传说、寓言故事以及各个时期著名文学戏剧大师的经典作品。西方的寓言故事对英语典故的产生具有重要影响。例如,kill the goose that lays the golden eggs(杀鸡取卵)意思是:牺牲将来的利益,满足眼前需要。这一典故源自《伊索寓言》:有一人有一只母鸡,能产出美丽的金蛋。

他以为在它肚里有金块,把它杀了,却只见它同别的母鸡是一样的。他希望得到大宗财富,却把微小的利益也失掉了。

（3）文学作品

英语中同样有很多来自文学作品的典故。例如,人们经常使用 Odyssey 喻指磨难重重的旅程或艰难的历程。在英语文化中,*Odyssey*（《奥德赛》）与 *Iliad*（《伊里亚特》）合称为希腊的两大史诗,相传为荷马所作,一共有 24 卷,约 12 000 行。《奥德赛》一诗描述了希腊神话英雄 Odysseus 在特洛伊战争中以"特洛伊木马"攻破特洛伊城后,在海上漂流 10 年,战胜独眼巨神,制服了女巫,经历了种种艰险,终于回到了自己的国家,夫妻团圆。

（4）体育典故

英美国家尤其是美国体育运动十分发达,有着良好的体育传统,大多数人具有运动健身习惯。因此,人们通常对体育话题十分感兴趣,从而导致许多体育运动的术语流行于人们的日常生活中。久而久之,篮球、棒球、橄榄球、拳击等热门体育项目常用的体育术语通过转义而被广泛用于日常生活领域,并且逐渐演变为典故。例如:

carry the bah（作持球队员）喻指在某项行动或艰巨任务中承担最重要、最困难的职责。这一典故从橄榄球术语借用而来,原意是指在射门时充当持球队员。

be down and out（击倒出局）喻指经过努力而彻底失败或贫困潦倒,陷于完全无望的处境。这一典故源于拳击比赛中常用的术语,原意是指被对手击倒在地而遭淘汰。

drop back and punt（凌空踢落地反弹球）喻指放弃目前的策略而尝试采用其他办法。这一典故也源于橄榄球术语,原意是指抛球后待球落地反弹起来之后朝对方球门凌空抽射的技术动作。

hat trick（帽子戏法）喻指巧妙而利落地同时做成多件事。这一典故出自魔术,原意是指魔术师用帽子变的戏法。后来这一魔术用语不仅用于英国板球运动,指一个板球投手连续三次击中柱门,还用于足球、曲棍球领域,指一个足球或曲棍球队员在同一场比赛中独进三球。

have two strikes against someone(三击中已有两击不中)喻指处于极其不利的境地。这一典故从棒球比赛规则借用而来,原意是指球手三击不中就必须出局退场,因此球手两击不中就很危险了。

hit/strike below the belt(击打腰带以下部位)喻指采取不正当手段攻击或对付对方以获胜。这一典故来自拳击术语,原意是指违规击打对手身上不应击打的部位。

not get to first base(尚未跑上一垒)喻指计划尚未启动,或者在计划开始实施或尝试之初就遭受挫折,又或者距离成功尚需时日甚至遥不可及。这一典故源自棒球,原意是指棒球击球手没有成功地跑到第一垒。

squeeze play(挤牌)喻指迫使对方处于进退两难的境地,从而导致其失败、不得不付出代价的行动。这一典故来自桥牌术语,是打桥牌的一种战术,即根据敌我牌情创造条件,以紧逼对方出某张牌从而迫使对方就范。

strike out(三击不中而出局)喻指失败。来自棒球术语,原意指击球手在比赛中三击不中就要退场。

swallow the bait,hook,line and sinker(不仅吞食了鱼饵,而且连同鱼钩、渔线和铅坠一同吞了下去)喻指被小恩小惠所诱惑而全盘、彻底地上当受骗中圈套。这一典故源自钓鱼术语,意指有时鱼过于贪食鱼饵而将鱼钩、鱼线甚至铅坠一并都吞了下去。

play one's trump card(打出王牌)喻指在工作、经商、比赛、对抗或战争中使出绝招,采用最有把握取胜的办法。这一典故原是桥牌术语,意指关键时刻打出王牌以致胜。

"The ball is in sb.'s court."(该轮到某个球员击球了)喻指该轮到某人采取行动了。该典故原是网球比赛常用术语。

(5)现当代经典

英语典故还经常取材于现代、当代的各类经典,包括文学、影视等。例如,Snoopy(史努比),Tarzan(人猿泰山),Spider-Man

（蜘蛛侠），Superman（超人），Zorro（佐罗），Pinocchio（匹诺曹），
Uncle Tom（汤姆叔叔），Black Humor（黑色幽默），Shangri-La（香
格里拉），Angry Young Men（愤怒青年），Sophie's choice（索菲的
选择），Never-Never Land（永无乡），Peck's bad boy（佩克的坏孩
子），Seven-year itch（七年之痒），Yellow Ribbons（黄缎带），
"That's all, folks."（各位，到此结束。）等。下面介绍一些来源于
当代经典的英语典故。

Dragon Lady（龙夫人）喻指因丈夫的权势而操纵大权的女
人。这一典故源自连环漫画《佩里与海盗》中一个有权威的、盛气
凌人的女人。

James Bond（詹姆士·邦德）喻指有勇有谋、反应敏捷、本事
高强的人。这一典故来自英国小说家伊安·弗莱明（Ian Flem-
ing）的小说及其电影中智勇双全的代号为 007 的间谍形象。

Mickey Mouse（米老鼠）常用来喻指简单的、初级的、容易的
东西，或者指微不足道的东西，往往表示轻视或不满的情绪。
Mickey Mouse 在 1928 年的动画片《威利号汽船》（*Steamboat
Willie*）中问世，后来在一系列的迪士尼动画片中出现，成为沃尔
特·迪士尼动画片中最著名的角色，同时也是迪士尼王国的关键
角色。

A Clockwork Orange（发条橙）喻指被洗脑后失去个性的人，
尤其是指个性受压制、按条件反射行事的人。这一典故来源于
1971 年出品的好莱坞电影 *A Clockwork Orange*。该电影改编自
同名小说，曾获奥斯卡最佳影片奖提名。电影中描写了一伙追求
享乐、没有道德观念的年轻人拉帮结派、胡作非为，闹得四邻不
安，导致老一代人只好把自己锁在家里。

the Beat Generation（垮掉的一代）喻指不满现实、反叛传统、
追求自由、我行我素的人。the Beat Generation 原指 20 世纪 50
年代出现的一个文学流派，同时也指该流派所代表的一代人，其
成员被称之为"疲沓派"。这一流派最著名的代表作有艾伦·金
斯堡（Allen Ginsberg）的长诗《嚎叫》（*Howl*），杰克·凯鲁亚克

(Jack Kerouac)的长篇小说《在路上》(*On the Road*)

"Make my day."(成全我这一天吧。)喻指对于对手的某种行为的强烈反应、高度兴奋,自信能战胜对手,肯定会马到成功。这一典故源自美国电影《奇袭》(*Sudden Impact*)。该电影中一位名叫"胡来的哈里"的警探拔枪对准一个也试图掏枪的嫌疑犯,说:"Go ahead,make my day."。

(6)莎翁戏剧

莎士比亚的作品也是英语典故的一个主要来源。例如,Tartuffe(喻指伪君子、假信徒),make bricks without straw(煮无米之炊),Man Friday(喻指忠实的仆人),one's pound of flesh(割肉还债/残酷榨取)都出自莎士比亚的作品。下面介绍一些来自莎士比亚戏剧的英语典故。

salad days(色拉岁月)喻指天真幼稚、缺乏人生经验的青少年时期。该典故源自莎士比亚的《安东尼与克里奥帕特拉》。在此剧中,埃及女王克里奥帕特拉称自己在与罗马统帅凯撒相好的时候还是"色拉岁月"。

caviar to the general(不合一般人口味的鱼子酱)喻指阳春白雪,曲高和寡。该典故出自莎士比亚的著名悲剧《哈姆雷特》中的第二幕第二场。

it is Greek to me(他讲的是希腊话)喻指一点不理解、一窍不通。该典故出自莎士比亚的剧本《裘力斯·凯撒》。

"Some men are born great,some achieve greatness,and some have greatness thrust upon them."(有的人是生来的富贵,有的人是挣来的富贵,有的人是送上来的富贵。)喻指人生的富贵、功名等的获取各有各的道。这一典故出自莎士比亚的喜剧《第十二夜》。

2.汉语典故的文化渊源

从文化渊源进行分析,汉语典故比较常见的文化渊源主要有以下几种。

（1）历史史实

中华民族是一个历史悠久的民族，经历过多次改朝换代，而每个朝代都会发生重大的历史事件。因此，有大量反映历史事件、历史故事的典故成为汉语语言的一部分。例如，"卧薪尝胆""负荆请罪""四面楚歌""闻鸡起舞""口蜜腹剑"等，这些典故本身就是对历史事件所作的概括，而"助纣为虐""殷鉴不远"等典故则表达了人们对历史的看法和评价，具有一定的社会认识价值。下面再介绍一些源自历史史实的汉语典故。

乐不思蜀（be so abandoned to pleasure as to forget home and duty）喻指乐而忘返，用于贬义时则指贪图享乐而忘记自己的家乡与职责。根据《三国志·蜀志·后主传》记载：三国时期，蜀汉亡国后，后主刘禅被安置于魏国的都城洛阳。有一天，司马昭问刘禅是否想念西蜀，刘禅回答道："此间乐，不思蜀。"

纸上谈兵（talk about stratagems only on paper—engage in idle theorizing）喻指不切实际的空谈。这一典故出自《史记·廉颇蔺相如列传》：战国时赵国的赵括从小善于谈论兵法，于是赵王用他代廉颇为将。结果长平一战，赵军亡四十五万。

毛遂自荐（volunteer to do something/recommend oneself for a position or task）喻指自告奋勇，自己推荐自己担任某项工作。典故出自史书《史记·平原君列传》：战国时期，秦军围攻赵国都城邯郸，平原君奉命去楚国求救，其门下食客毛遂自动请求与平原君一同前去。到了楚国以后，平原君跟楚王谈了一上午都没有结果，毛遂于是挺身而出向楚王陈述利害，楚王才派兵去救赵国。

指鹿为马（call a deer a horse—confound right and wrong）这一典故喻指颠倒是非。根据《史记·秦始皇本纪》记载：秦朝二世皇帝的时候，丞相赵高意欲造反，但是怕别的臣子不附和，于是就想先试验一下。赵高把一只鹿献给二世，并说："这是马。"秦二世笑着说："丞相错了吧，把鹿说成马了。"并问旁边的臣子，有的说是鹿，有的说是马，有的则不说话。赵高事后暗中就把说成鹿的人杀掉了。

庆父不死，鲁难未已（there will be no peace for a nation without getting rid of those bent on crewing internal unrest）喻指不除掉制造内乱的罪魁祸首，国家就无法得到安宁。根据《左传》记载，庆父是春秋时期鲁国鲁庄公的弟弟。在鲁庄公死后，庆父为了篡权夺位，先后杀死了两个继嗣的国君，从而造成鲁国动乱不安、动荡不止。

赔了夫人又折兵（pay a double penalty for attempting to gain an unwarranted advantage）喻指想占便宜者没占到便宜反而遭受损失。根据《三国演义》记载：周瑜设计将孙权的妹妹许配给刘备，准备在刘备到东吴成婚时乘机扣留以夺回荆州，结果刘备带着新婚夫人逃回，周瑜带兵追赶又被诸葛亮用伏兵打败。

（2）神话传说

神话传说是最古老的典故来源之一。神话传说是古人所创造的一些关于神仙、历史古代英雄的故事，往往体现着古代劳动人民对一些自然现象的天真解释，或者对社会生活的美好向往。中华民族不仅是一个历史悠久的文明古国，也是一个神话传说源远流长的国家。汉语神话故事大多反映古代汉族人民对自然的认识、对社会生活的认识，并且几乎每一个典故背后都有一个感人的故事。例如，"愚公移山""牛郎织女""嫦娥奔月""夸父追日""精卫填海""女娲补天"等典故都是源自神话传说。下面再介绍一些源自神话传说的汉语典故。

伯牙绝弦（it is quite difficult to find a person who is keenly appreciative of one's talent）这一典故喻指知音难遇。据《列子·汤问》记载：伯牙是古代一位善于弹琴的乐者，而钟子期善解琴音，是伯牙的知音。在钟子期死后，伯牙认为再没有人能像钟子期那样懂得他的音乐，于是破琴绝弦，终身不再弹琴。

八仙过海（the eight Immortals cross the ocean—each displays their own talent or skill to see who is the best）这一典故来自道教传说，其寓意是各自有一套办法，或各显其能、互相竞赛。八仙是指张果老、汉钟离、铁拐李、吕洞宾、韩湘子、曹国舅、蓝采和、何仙姑。根据明代的《八仙过海》记载,相传八仙过海时不用舟船,而是使用各自的一套法术,各使手段、各显神通地过海。

画龙点睛(bring a picture of a dragon to life by putting pupils into its eyes)这一典故喻指在作文或言谈时,在关键之处加上精辟的词句点明要旨,从而使之更加精辟传神、生动有力。根据唐朝张彦远《历代名画记》记载:传说梁代张僧繇在金陵安乐寺壁上画了四条龙,却不给龙点眼睛,说如果点了眼睛,龙就会飞掉。别人不相信,偏叫他点上。结果,张僧繇刚给其中两条点上眼睛,便雷声大作,震破墙壁,这两条龙乘云上天,只剩下没点眼睛的两条龙。

(3)民间习俗

风俗习惯是指社会上长期形成的风尚、礼节。习惯的总和构成了民间的风俗,是社会文化的重要组成部分,是促使语言不断丰富和发展的源泉,也是典故产生的来源之一。比如,汉语中的"各人自扫门前雪,休管他人瓦上霜"这一典故源自人们的生活习惯。在冬天下雪的时候,各家各户为了行走方便,各自清扫自己庭院中或门前的积雪,该典故现在常用来指各自为政,只考虑自己的利益而不顾他人或集体利益的行为。汉语中的典故"半斤八两"源自中国习惯于使用的"斤"这一计算单位,整个成语表示一半对一半。下面再介绍一些源于民间习俗的汉语典故。

下马威(severity shown by an official on assuming office—show off strength at first contact)泛指一开始就给以颜色、给对方一点厉害,或者向对方显示威力。在封建社会的官场中,新官上任后的普遍做法是刚一上任就要严厉处罚一批属吏,以此显示自己的威风,从而收到敲山震虎之效。

采兰赠芍(present peony to the other for orchid given by him or her between a couple of lovers)喻指彼此表示相爱之情。芍是指芍药,是一种香草。古代男女青年你采兰花给我、我回赠芍药于你以表示爱意。

三茶六礼(complete ritual in a decent wedding)喻指礼仪完

备、明媒正娶。其中,三茶指我国旧时娶妻多用茶作为聘礼的习俗;而六礼指纳彩、问名、纳吉、纳征、请期、迎亲这六项娶亲礼仪。

民以食为天(hunger breeds discontentment—enjoying delicious food is of the prime importance)意思是以粮食为生存的根本。这是由于长期的生产、生活使中国人深刻地意识到粮食对人类生存的重要性。现代的餐饮业又赋予这一典故另一种新意,即享受美食乃人生首要乐事。

(4)古典文献

有一些汉语典故是从古典文献(包括史学、哲学、文学书籍与作品)中的经典名言名句里抽取、提炼、演化而来的,是人们为了方便使用而概括出来的。例如,出自《三国演义》的"三顾茅庐"、"过五关斩六将"等;出自《红楼梦》的"林黛玉";出自《水浒传》的"梁山好汉";出自《西游记》的"唐僧肉";出自《吕氏春秋·明理》的"罄竹难书";出自杜甫诗句的"射人先射马,擒贼先擒王"。下面再介绍一些源自古典文献的汉语典故。

兔死狗烹(kill the trusted aides once they have outlived their usefulness)比喻事情成功之后,把效力有功的人抛弃或杀掉,多指统治者在成功后杀掉功臣。典故出自《史记·越王勾践世家》:"范蠡遂去,自齐遗大夫种书曰:'蜚鸟尽,良弓藏;狡兔死,走狗烹'。越王为人长颈鸟喙,可与共患难,不可与共乐。子何不去?"

鞭长莫及(beyond the reach of one's power or authority)比喻力量还达不到。这一典故出自《左传·宣公十五年》:"古人有言曰:虽鞭之长不及马腹。"

名落孙山(fall behind Sun Shan—fail in an examination or a competition)用以婉言应考未中。这一典故出自宋代范公偁《过庭录》:宋朝孙山考中了末一名,有人向他打听自己的儿子是否考中,孙山便回答道:"解名尽处是孙山,贤郎更在孙山外。"

皮之不存,毛将焉附(with the skin gone, what can the hair adhere to—thing cannot exist without its basis)喻指事物没有基础就不能存在。这一典故出自《左传·僖公十四年》:"皮之不存,

毛将安傅?"

逃之夭夭(make one's get away)原本是形容桃树枝叶繁茂,由于"桃"与"逃"同音,后来人们用这一典故喻指逃跑、溜走,是一种诙谐的说法。这一典故出自《诗经·周南·桃夭》:"桃之夭夭,灼灼其华。"

二、英汉典故文化互译

(一)直译加注法

对于一些英语典故,如果仅仅采用直译的方法很难使我国读者完全理解其中的寓意。如果改为意译,又很难做到保持原有的形象和风格。这时就可以采用直译加注法来对其进行翻译,这样不仅可以保持其原有的形象和风格,还可让读者理解其潜在的意义。例如:

A good dog deserves a good bone.

好狗应得好骨头。(有功者受奖)

There is no rose without a thorn.

没有不带刺的玫瑰。(世上没有十全的幸福;有乐必有苦)

An old dog will learn no new tricks(you cannot teach old dogs new tricks).

老狗学不出新把戏。(老顽固不能学新事物)

(二)直译联想法

在英汉两种语言中,有许多典故的含义或比喻意义基本相同,但是表达方法却存在很大的差异,这是由于英汉两民族的文化差异造成的。对于这种情况,就可以使用直译联想法进行处理。所谓直译联想法,是指直译原文而得出的译文容易使译文读者联想到他们所熟悉的典故。例如:

Bad workmen often blame their tools.

拙匠常怪工具差。(联想:不会撑船怪河弯)

It's a long lane that has no turning.

路必有弯;世上没有直路。(联想:事必有变;瓦片也有翻身日)

He who laughs at crooked men should walk very straight.

笑别人驼背的人得自己首先把身子挺直。(联想:己不正不正人)

(三)意译改造法

英汉文化中存在许多在形象和风格方面存在差别的典故,它们的意义大致相等,所以翻译时,只需略加改造即可达意,同时还可以避免改变原文典故的结构和习惯。例如:

One swallow does not make a summer.

这句英语谚语的直译是:

只发现一只燕子不能说明夏天的来临。

汉语里没有与此完全等值的谚语,但是有与其相似的谚语,如"一花不是春"或"独木不成林"等。因此,可以采用意义加改造的办法将其译成"一燕不成夏"。

(四)等值互借法

对于英汉文化中一些在意义、形象或风格上都比较相似或近似的典故,就可以采取等值互借法。例如,walls have ears,就可以借助汉语谚语将它译成"隔墙有耳",这样既能忠实于原义、原有形象及风格,又符合汉语的谚语结构和习惯。这样的例子还有很多,如下所述。

Great minds think alike.

英雄所见略同。

Like father, like son.

有其父必有其子。

第三节　英汉宗教文化对比与互译

宗教文化也是文化的一个重要组成部分,宗教信仰的不同使得人们的语言带有深刻的宗教烙印。宗教文化时刻影响着人们的社会活动,加强对英汉宗教文化的对比对不同文化下人们的交流和沟通大有帮助。下面就对英汉宗教文化对比及其互译进行分析。

一、英汉宗教文化对比

英汉民族中的宗教文化纷繁复杂,在此仅结合宗教文化中的宗教内容以及宗教教义进行对比分析。

(一)英汉宗教内容对比

1. 西方的宗教内容

西方的宗教内容主要是为精神"孤独者"提供灵魂的依托和皈依之地。西方宗教内容与"天人二分"的思维方式以及西方工商业盛行所导致的个人生存中的孤独感有着密切联系。"天人二分"的思维方式使得人们习惯于采用逻辑思维对现象与本质、真实与虚拟等进行推理判断,这种推理判断产生了超越现实的、存在于虚拟世界中的神的出现。在西方文化下,人们无法从现实的生活中找到维持生存的物质以及精神方面的慰藉,因此人们需要通过向虚拟的神来寻求庇护。

2. 中国的宗教内容

中国古代宗教以宗法社会的尊祖、敬宗为主要内容。中国的宗教与西方宗教不同,其没有确定的传教教主,中国的宗教随着社会的不断发展而发生变化,不同的历史时期,由于人们对于事物认识的不同导致了不同的原始崇拜现象。原始社会末期,人们对于自然界的认识不足,因此天神崇拜十分盛行;到了氏族社会,人们开始祖先崇拜;到了父权制氏族社会,男性祖先崇拜又盛极一时。社会生产力的不断提高,中国逐渐进入私有制社会,祖先崇拜与政治经济制度相结合成为了中国传统社会中宗教的核心内容。

中国宗教发展的连续性。中国社会的发展以及朝代的更替,都没有改变或打断宗教的发展。道教以及佛教的传入也没有改变中国宗法社会的祖先崇拜。在辛亥革命之前,大多数人认为敬天祭祖的主要原因首先在于祖先崇拜,其次才是佛道信仰。

中国传统宗教属于典型的多神教。中国宗教中神灵的数量很多,可以将其简单分为天神、地祇、人鬼、物灵四大类,这四类神是中国宗教中比较具有代表性的神。天神主要掌管的是天上的事宜,天神中的最高神为昊天上帝,还包括日月星辰、风雨雷电等诸神。地祇主要掌管地界事宜,后土、社稷、山岳、海湖、江河、城隍等共同组成了地界的神。人鬼有圣王、先祖、仙师、历代帝王贤士等。物灵有司户、司灶、司灵等。这四种神都凌驾于人类之上,这四者之间有自己的顺序和序列。在祭祀中,天地之神应居首位,而宗庙、社稷次之。

中国传统的宗法制度成熟于周代,秦汉以后其不再与政治制度直接联系,但其对于社会政治生活和日常活动仍然起着重要的支配作用。中国宗教中宗法社会的祖先崇拜有着强烈的亲族观念。在中国传统的宗教祭祀活动中,神权、君权、族权以及父权合为一体,天子拥有祭天和祭祖的神权;家族的族长以及家长拥有祭祀本族本家祖先的权力。

传统宗教祭祀的实质是农业祭祀。中国地处温带地区,土地肥沃、气候适宜,具有得天独厚的农业生产条件。农业是中国的经济命脉,是中国的立国之本,这在宗教中的反映就是发达的农业祭祀。人们对于土地和谷物的崇拜形成了社稷崇拜,社指土地,稷指谷物,社稷代表了农业生产中的生产资料和劳动成果。社稷崇拜是中国传统宗教中的重要内容,也是国家祭祀的重要组成部分。作为农业大国,农业是政权维持,法统延续以及皇室稳定的重要基础,社稷也曾一度成为国家政权的代名词。社通常指祭拜特定范围内的耕地和农田,而稷指的是人们对于粮食作物,即稻、麦、菽、稷、黍的崇拜。

山川之祭也是中国传统宗教中的重要内容。古代的人认为山川幽谷会对气象产生重要影响,他们认为云和雨都来自于此。除此之外,山川中的森林、果实、动物、植物等都是自然界赐予人类的重要物质资源。因此,人们在宗教祭祀中常祭祀山川,以求获得丰收。在山川祭祀中,无法对所有的山川之神进行祭祀,因此只选择一些比较具有代表性的来祭拜。人们集中祭祀的有五岳四渎,五岳指的是东岳泰山,南岳衡山,西岳华山,北岳恒山,中岳嵩山。四渎指的是长江、黄河、淮河、济水。

圣贤崇拜也是宗教内容的重要组成部分,它由祭祀祖先的传统发展而来。古代的黄帝、炎帝、尧、舜、禹、汤、周文王、周武王及周公旦都被推崇为古代的圣贤,被后世人们所祭拜。后来又陆续出现了姜太公崇拜、老子崇拜、武侯崇拜、伍子胥崇拜、关圣崇拜等,这其中历史最为久远,且影响最为广泛的就是孔子崇拜。孔子是先秦时期的思想家,其学生将其视为高不可及的人,但是其还没有成为神,随着儒学思想的确立使得孔子的地位逐渐提高,最后成为了人们膜拜的神,孔子崇拜的实质就是祖先崇拜。

(二)英汉宗教教义对比

1.西方基督教的教义

在西方文化中,基督教是主要的宗教形式,西方国家中有80%以上的国民信仰基督教,基督文化已深入人心。

《圣经》中基督教的教义主要是 Faith(忠经),Creed(信经),

Confession（诚经）和 Love（爱经）。其中，Faith（忠经）希望信徒相信上帝是永恒存在的，作为上帝的子民，信徒必须要遵从上帝的旨意；Creed（信经）相信上帝的绝对能力，相信上帝具有无所不能的力量；Confession（诚经）希望人们敢于承认自己的过失和错误，勇于向上帝认错并赎罪。Love（爱经）教化人们要爱上帝、爱自己、爱身边所有的人。

随着社会的发展，基督教各教派也在不断发展，各个分教派的教义均不相同，但无论什么教派，下面的几条基本教义是相同的。

（1）信天国和永生。肉体是暂时的，人的灵魂是永恒的，因此人的生命是有限的，但是人们的灵魂可以凭借自己的信仰而得到重生，并在上帝的帮助下去往天国得到永生。

（2）三位一体。"三位一体"要求人们相信上帝是唯一的，但是其具有三个不同的"位格"。位格是一个智慧生命的存在显现，可以被称为"生命中心"。世间的每个人有且只有一个位格，但是上帝却有三个，即圣父、圣子和圣灵，这三者的本体都为上帝，"三位一体"是基督教的基本信条之一。

（3）信原罪。信原罪是基督教伦理道德的基础，人类的祖先亚当和夏娃偷吃了禁果，子孙后代都将为自己祖先的错误行为所影响，这也成为了人类一切罪恶的根源。偷吃禁果违反了上帝的意愿，犯了原罪，因此人们无法自救，只能依靠上帝的救赎。这一教义对西方人的价值观念造成了很大的影响。

（4）信救赎。人类犯下原罪和本罪，无法自救。上帝将自己的亲生儿子耶稣降为人以示惩罚，上帝牺牲了自己的利益拯救了全人类。

（5）因信称义。"义人"指的是那些因为信仰上帝而服从上帝的旨意，遵守上帝的法律。人类可以凭借自己的信仰得到救赎，这也是在上帝面前成为义人的必要条件。

（6）十诫。除了上帝之外不能信仰其他的神；不可为自己雕刻和敬拜偶像；不可妄称上帝的名字；应当将安息日作为圣日；当孝敬父母;不可杀人;不可偷盗、不可奸淫;不可作假证;不可贪恋他人妻子和财物。

(7)信地狱和永罚。人们应该知道悔改,不知悔改会被罚到地狱中受惩罚。

(8)信末世。在世界末日之时,无论是活着的还是死去的人都将接受上帝的审判,无罪者进入天堂,有罪者将进入地狱。

2.中国佛教教义

中国佛教的教义主要提倡"无神"(uncreativeness)、"无常"(no ever-lasting existence)、"无我"(anatman)、"因果相续"(the interdependent nature)等思想。佛教使人相信生死轮回,善恶有因果报应,佛教认为人们来到这个世界上就是为了受苦,所有的苦难也都源于人们的欲望,因此佛教经常教化人们去抵制各种各样的诱惑并抑制自己的欲望,戒贪、戒嗔、戒痴、戒慢、戒疑、戒恶等。在现实生活中,佛教倡导人要善用智慧、向善学好、怀着一种善意的目的去做事、一言一行应符合伦理、处事谨慎、感情专一等。

此外,佛教教义中的四圣谛对中国人的思想和信仰有着极其重要的影响。四圣谛的主要内容如下。①

(1)苦谛:指万物众生的生死轮回充满了痛苦烦恼。苦难始终贯穿人的一生,包括生、老、病、死等,人活着就是受苦受难。

(2)集谛:指造成众生痛苦的根源是欲望。人总是摆脱不了各种欲望和诱惑,这是给人们带来苦难的根源。

(3)灭谛:指消除世间众生痛苦的途径是放弃欲望。

(4)道谛:指通向寂灭的道路。人们消除欲望,最终脱离苦海,到达极乐的境界。

---

① 李建军.文化翻译论[M].上海:复旦大学出版社,2010:22.

二、英汉宗教文化互译

(一)保留文化色彩直译

在翻译宗教文化时,恰当地运用直译法不仅有助于保留原文中浓厚的宗教文化色彩,同时还可以将西方文化的信息渗透到中国文化和汉语中,丰富中国文化的内容和汉语的表现力,同时促进不同文化之间的交流。例如:

圆通殿 The Hall of Universal Understanding

观音殿 The Hall of Avalokitesvara Buddhisattva

斋堂 Monastic Dinning Hall

颂经 Sutra Chanting

释迦牟尼佛 Shakyamuni Buddha

菩萨 Buddhisattva

弥勒佛 Maitreya Buddha

佛教 Buddhism

中国佛教 Chinese Buddhism

藏经阁 The Tripitaka Sutra Pavilion

罗汉堂 The Hall of Arhan

礼佛 pay respect for Buddha

If the blind lead the blind, both shall fall into the ditch.

盲人导瞎子,成对跌沟里。

Forbidden fruit is sweetest.

禁果最甜。

(二)直译意译结合翻译

为了尽可能地在译文中保留原文的宗教色彩,传递原文的文化信息,同时便于读者接受,还可以采用直译与意译相结合的翻译方法来翻译宗教文化。例如:

There are wheels within wheels.

大轮里面藏小轮——错综复杂

They that sow the wind shall reap the whirlwind.

召风者得暴雨——恶有恶报

(三)阐释文化空白翻译

宗教文化的翻译不仅要翻译出原文的准确意思还应完美再现原文的文化色彩。当宗教文化翻译中出现文化空白时,想要达到这样的效果常采用阐释空白的方法来实现这一目的。所谓阐释空白,就是在翻译时对源语中出现的文化空白点的内容进行解释,进而使源语读者对这些文化空白具有深刻的认识。例如:

刘姥姥道:"阿弥陀佛,这全仗嫂子方便了。"

(曹雪芹《红楼梦》)

"Buddha, be praised! I'm most grateful for your help, sister." exclaimed Granny Liu.

本例句中的"阿弥陀佛"属于佛教用语,西方人多信仰基督教,因此在基督教中无法找到与之相对应的表达,此时译者为了便于译入语读者的理解,将其意思进行解释,翻译为"Buddha, be praised!"

(四)变换文化形象套译

在翻译宗教文化时,套用目的语中现成的成语或俗语来翻译源语中的宗教文化也是一种很好的翻译方法。例如:

You can't take it with you.

身外之物生不带来死不带去。

这一句话源自《新约·提摩太前书》中的"For we brought nothing into this world, and it is certain we can carry nothing out."例句的意思是人死后所有一切都得留在世上,因此含有及时行乐的意思,也含有财物相对地说并不重要的意思。这与汉语中的"身外之物生不带来死不带去"不谋而合,这种套译更利于目的语文化下人们的理解。

第七章

英汉数字、色彩文化对比与互译

　　无论是数字还是色彩,在人类语言的使用中都扮演着重要的角色。数字与色彩的使用不分种族与国界,但是由于各民族与各国间文化的不同,它们在长期使用中形成了很多各异的文化内涵。本章就首先对英汉数字与色彩文化进行对比,然后探讨相应的翻译问题。

第一节　英汉数字文化对比与互译

一、英汉数字文化对比

(一)英汉数字习语结构对比

　　数字习语包括数字语素(N)与其他语素(M)两部分。这里以数字个数和位置为依据,分别介绍英汉数字习语的结构类型。

　　1.英语数字习语的结构类型

　　结合英语数字习语本身的结构特点,其结构可分为以下几种情况。

(1)包含两个数字的习语,中间以连词连接,但也有大于两个数字的,其模式可大致归纳为 E＝N1＋and/or＋N2。例如,six and half a dozen(半斤八两),four and one(星期五)等。

(2)和第一种情况类似,同样含有两个数字,但中间由介词来连接,其模式可大致归纳为 E＝N1＋P＋N2。例如,one in thousand(万里挑一),ten to one(十有八九)等。

(3)动词和数字组合成的习语,其模式为 E＝V＋N。例如,strike twelve(获得最大成功),go fifty(平分)等。

(4)修饰词或限定词构成的数字习语,其模式可大致归纳为 E＝M/D＋N,这类习语一般只含有一个数字。例如,a fast one(诡计),a deep six(海葬)等。

(5)介词之后接数字的情况,其模式可大致归纳为 E＝P＋N1＋N2。例如,by twos and threes(三三两两地),to the nines(完美地)等。

2.汉语数字习语的结构类型

通常而言,汉语数字习语多含 0 到 9 以及十、百、千、万这几个数字。根据数字出现的频率,有以下五种类型。

(1)含一个数字的数字习语有以下三种模式,这类数字习语数量最多。

第一,C1(1)＝N1＋M1＋M2＋M3＋M4……,如八面来风、一言以蔽之等。

第二,C1(2)＝M1＋M2＋N1＋M3,如目空一切、莫衷一是等。

第三,C1(3)＝M1＋M2＋M3＋N1,如忠贞不二、表里如一等。

(2)含两个数字的数字习语有以下三种模式。

第一,C2(1)＝N1＋M1＋N2＋M2,这种数字习语很常见,其中的 N1 和 N2 可以相同,如百依百顺等;也可以不同,如四面八方等。

第二,C2(2)＝M1＋N1＋M2＋N2,这种数字习语经常能够见到,如横七竖八、朝三暮四等。

第三,C2(3)＝M1＋M2＋N1＋N2,这种模式的数字习语有气象万千、略知一二等。

(3)含三个数字的数字习语模式为:C3＝N1＋N1＋M1＋N2。例如,九九归一等。

(4)含四个数字的数字习语有以下两种模式。

第一,C4(1)＝N1＋N1＋N2＋N2。例如,千千万万,三三两两等。

第二,C4(2)＝N1＋N2＋N1＋N3。例如,一五一十等。

(5)含五个数字的数字习语可归纳为以下公式:C5＝M1＋M2＋N1＋N2＋N3＋N4＋N5 或者 N1＋N2＋N3＋N4＋N5＋M1。例如,九九八十一难,不管三七二十一等,这种类型的数字习语较为罕见。

(二)英汉数字宗教渊源对比

1.英语数字的宗教渊源

通过第六章的介绍可知,在西方宗教具有极大的影响力,对西方人们的生活、工作等各个方面都有重要影响。语言也不例外,语言中的数字受到宗教的影响很深。可以说,宗教与西方的数字使用有着深厚的历史渊源。

西方国家人们多以英语为母语,且多信奉基督教,而《圣经》作为基督教的经典,在西方社会中具有举足轻重的作用。《圣经》不仅仅是一部关于西方宗教的史书,还是一部关于西方社会的经典。西方人对于数字的喜好在很大程度上受基督教的影响。基督教中的经典——《圣经》就与英语数字的使用休戚相关。基督教往往认为上帝是由三个互相独立的神构成的,即圣父、圣子、圣灵,因此在西方 three 就是一个吉祥的数字。人们往往把事物存在的量或其发展过程一分为三,以示吉利。又如,由于上帝正好花了七天时间创造世界万物,因此"七天"表示一周,变成了世界通用的计时方法之一。

2.汉语数字的宗教渊源

在中国,数字的使用同样受佛家、道教等主要宗教的影响。

首先,数字的使用受道教文化的影响较多。道教的创始人是老子,老子在道教的经典著作《道德经》中曾写道:"道生一,一生二,二生三,三生万物······周而复始,生生不息。"根据老子在《道德经》中的看法,世间万物皆源于五行。世间的事件都蕴含着五行相克的哲学思想。因此,人们认为数字"一"象征着"整体""团结""开始""完美"。道教思想还认为数字"九"是五行中最大的阳数,代表着"天",因此人们认为数字"九"是非常吉祥的数字。

其次,中国数字的使用也在一定程度上受到了佛教思想的影响。例如,"三生有幸"中的"三生"指的就是佛教里的前生、今生和后世。又如,"道高一尺,魔高一丈"也反映了佛教对数字使用的影响。

(三)英汉数字文化内涵对比

1.英汉基本数字的文化内涵比较

(1)英语数字 one 与汉语数字"一"

在英语中,与 one 有关的习语有很多。例如:

quick one 干一杯

for one 举例来说

one and all 大家,所有的人

one for the road 最后一杯

rolled up into one 集······于一身

on the one hand 一方面

looking out for number 谋求自身的利益

taking care of number one 为自己的利益打算

one in a million 百万中挑一

one of those days 一段倒霉的日子

one of those things 命中注定的事

one good turn deserves another 一报还一报,善有善报

number would have been up 节数就要尽了

one lie makes for many 说一谎需百谎圆

在汉语中,数字"一"是所有数字的第一个,人们将"一"视为万数之首。这种思想在道教以及佛教中都可以找到其渊源。从古至今,中华民族经历了数次分分合合,从一次次的分裂走向一次次的联合,每一次联合不仅意味着一种力量的重聚,更意味着人们逐渐增强的团结心和意志力。

在现代社会,"一"的思想在人们的生活中具有重要表现。汉语中由"一"构成的习语数量很多。例如,一了百了、一往无前、一心一意、一叶知秋、一本万利、一如既往等。再如:

一失足成千古恨。

一唱雄鸡天下白。

救人一命,胜造七级浮屠。

一年之计在于春,一天之计在于晨。

(2)英语数字 two 与汉语数字"二"

在英语文化中,每年第二个月的第二天对于冥王(Pluto)而言十分重要,因而 two 很多时候并不是一个吉祥的数字。总体来说,英语中 two 具有褒义和贬义两重色彩。例如:

two can play at the game 这一套你会我也会

two of a trade never agree 同行是冤家

two's company,three's none 两人成伴,三人不欢

it takes two to tango 有关双方都有责任

two wrongs don't make a right 不能用别人的错误来掩盖自己的错误

be of two minds 三心二意

put two and two together 综合起来推断

in two shakes of a lamb's tail (as quickly as possible) 马上

be in two minds about something 决定不了

stick two fingers up at somebody 指对某人很生气,或不尊重某人、某事

There are no two ways about it.

别无选择/毫无疑问的。

在汉语中,数字"二"为偶数之首,受道教和佛教的影响,中国人自古就喜欢偶数,人们认为偶数是一种圆满的象征。偶数虽然受到中国人的喜爱,但是数字"二"在汉语中的使用却不多见,数字"二"多以其他形式出现,如"两""双"等。例如,成双成对、两面三刀、两全其美、两情相悦、两小无猜、两袖清风等。

(3)英语数字 three 与汉语数字"三"

在英语数字文化中,three 占有重要地位,西方人将 three 当作"完整"的象征,three 在英语中可以表达"起始、中间和结果"之意。西方人对 three 的看法与汉语中"三生万物"的观点具有一定相似性。西方人认为世界由三个物质构成,即大地、海洋和天空(earth,sea and air);人体具有三重性,即肉体、心灵、精神。英语中关于 three 的习语有很多。例如:

three-ring circus 热闹非凡

three score and ten 古稀之年

three in one 三位一体

the three R's 读、写、算基本三会

a three-cornered fight 三角竞争(有三个角逐者参加)

three times three 连续三次三欢呼

three sheets in the wind 飘飘欲仙

three sheets in the wind 酩酊大醉

three score and ten 一辈子

give three cheers for 为……欢呼三声

three Magi 向初生基督朝圣的东方三大博士

When three know it,all know it.

三人知，天下晓。

All good things go by threes.

一切好事以三为标准。

This is the third time; I hope good luck lies in odd numbers.

这是第三次，我希望好运气在单数。

The third time's the charm.

第三次准灵。

A wicked woman and an evil is three halfpence worse than the evil.

一个坏老婆和一件坏事情比坏事情还要坏。

Three's a crowd.

两人想在一起时，第三者就显得碍事。

He that was born under a three half-penny planet, shall never be worth two pence.

出生在三个半便士财运行星之下的人，绝不值两个便士。

与英语中 three 的重要地位一样，汉语中的数字"三"在中国文化中也具有悠久的历史，备受推崇。在中国传统文化中，"三"一直是一个极具代表性的数字，老子认为"三生万物"。在中华文化中，"三分法"原则在很多方面都有体现。例如，道教中的三清指"玉清、太清、上清"；三灵为"天、地、人"；古代三纲五常中的三纲指"君臣、父子、夫妇"。汉语中有关"三"的习语数量也很多，涉及很多领域，且含义褒贬不一。例如，三令五申、三思而行、举一反三、三顾茅庐、三户亡秦、狡兔三窟等成语。此外，还有很多和"三"相关的习语。例如：

三年椽材六年柱，九年变成栋梁树

一二不过三

冰冻三尺非一日之寒

无事不登三宝殿

三脚踹不出个屁来

不孝有三，无后为大

三更半夜出世——害死人(亥时人)

三个鼻孔——多股子气

三个指头捉田螺——稳拿了

三张纸画个驴头——好大的脸

三间屋里两头住——谁还不知道谁

三九天种小麦——不是时候

三九天穿单褂——抖起来

三人两根胡子——须少

三伏天的太阳——人人害怕

(4)英语数字 four 与汉语数字"四"

英语中的 four 这一数字在历史上具有很多含义,但是其最基本的含义一般为物质世界的要素表达。例如:

the four corner of the earth 四个角落

the four freedoms:freedom of speech,freedom of warship,freedom of want,freedom of fear 四大自由:言论自由、信仰自由、不虞匮乏的自由、免于恐惧的自由

在汉语中,"四"的读音为/si/,而"死"的读音也为/si/,因此中国人认为数字"四"代表着不吉祥,对于与"四"相关的事物总是避而不及。人们对于"四"的厌恶表现在生活的各个方面,在买车、住房甚至选择手机号码时都会尽量选择与"四"无关的数字。

实际上,中国古人对于"四"不像现代人那样厌恶。相反,在中国传统文化中,"四"具有的都是积极意义。例如,在道教中"道、天、帝、王"为四大;而佛教中则认为物质的四大元素为"水、土、火、风";儒家以"孝、悌、忠、信"为四德。除此之外,汉语在自然界以及方位的表达中都经常使用"四"。在汉语中,"四"还是一个平稳的数,如四条腿的桌子、椅子具有很高的平稳性,即"四平八稳"。然而,在俗语中,数字"四"与"三"一起时则通常表示贬义。例如,说三道四、七个铜钱放两处——不三不四等。

(5)英语数字 five 与汉语数字"五"

西方人认为 five 是不吉祥的,因此英语中 five 的构词能力远

不及其他数字那么多。但有一点需要注意的是,与 five 有关的星期五 Friday 在英语中却有很多用法和意义,这主要基于宗教原因。西方人多信仰基督教,耶稣在星期五被罗马统治者钉死在十字架上,因此人们认为星期五是耶稣的受难日。英语中关于 Friday 的习语也有很多。例如:

Friday face 神色不佳之人

Pal Friday 极受信赖的女秘书

Girl Friday 得力助手(尤指女秘书)

Man Friday 男忠仆

Good Friday 耶稣受难日,复活节前的星期五

汉语数字"五"在中国的文化传统中占有重要地位,具有深远影响。中国古代,以"金、木、水、火、土"为自然界的五大元素,称为"五行"。"五行"相克相存,即五行之中,金克木,土克水,水克火,火克金;金生水,水生木,木生火,火生土,土生金。数字"五"在一至九中居正中间,"五"为奇数和阳数。五行相克体现了汉民族的一种价值观,这是一种辩证思维的体现。五行学说对我国的哲学具有一定的影响。汉语中与"五"相关的说法有很多。例如:

五德:温、良、恭、俭、让

五谷:黍、稷、麦、菽、稻

五味:酸、甜、苦、辣、咸

五色:青、赤、白、黑、黄

五音:宫、商、角(jué)、徵(zhǐ)、羽

五度:分、寸、尺、丈、引

五服:斩衰、齐衰、大功、小功、绍麻

五经:《周易》《尚书》《诗经》《礼记》《春秋》

五官:耳、眉、眼、鼻、口

五脏:心、肝、脾、肺、肾

五刃:刀、剑、矛、戟、矢

五毒:蛇、蜈蚣、蝎子、壁虎、蟾蜍

除此之外,数字"五"常与其他数字并用,如三五成群、五湖四

海、三皇五帝、五花八门等。数字"五"的意义一般为褒义,但是也有人因为数字"五"与"无""乌"的发音相似,因此开始讨厌数字"五"。

其实,对于数字"五"的厌恶在古代早已有之。古汉语中的一句谚语就是很好的佐证:"善正月,恶五月"。自周代以来,民间一直就有"五月五日生子不举"的说法,因此"五月五日"也就成为了禁忌日期。随着时代的进步,人们对于数字"五"的禁忌也在逐渐减少。

(6)英语数字 six 与汉语数字"六"

英语国家的人们对于数字 six 往往避之不及,认为任何与 six 有关的数字都有不祥的寓意。例如,"666"在基督教文化中是撒旦的代名词;耶稣受难的 Friday 的字母数之和为 six;肯尼迪被暗杀的日子为 11 月 22 日,这几个日期的数字之和正好为 six。由此可见,six 在英语文化中具有贬义的内涵。这一点从以下习语中也能体现。

six penny 不值钱的

six of best 一顿毒打

six and two three 不相上下

hit for six 彻底打败,完全击败

at sixes and sevens 乱七八糟;糊涂的;迷茫的

six of one and half a dozen of the other 半斤八两;两者没什么不同

six to one 六对一(表示很有把握),十有八九;相差悬殊

six of the best 以藤鞭击六下(学校的一种惩罚手段)

the six-foot way 铁路(两条铁轨之间的距离 six-foot)

与英语中的 six 不同,汉语中数字"六"则具有很多积极和谐的寓意,有很多关于"六"的习语。例如,六六大顺、六六双全、六合之内、六和同风等。俗语中有"眼观六路、耳听八方","六路"即六合,指前、后、左、右、上、下,或天地四方。《周礼》中有"六仪",

指古代的六种礼节。①

纳采:男家请媒人去女家提亲。

问名:男家请媒人问女方的名字与出生年月。

纳吉:男家卜得吉兆后,备礼通知女家,决定缔结姻缘。

纳征:亦称"纳币",即男家以聘礼送给女家。女方一接受聘礼,婚姻即告成立。

请期:男方择定婚期,备礼告女家,求其同意。

亲迎:新郎去女家迎娶。

再看下面说法。

六亲:父、母、妻、子、兄、弟

六行:孝、友、睦、姻、任、恤

六神:日、月、雷、风、山、泽

六畜:牛、羊、马、鸡、狗、猪

六欲:色欲、形貌欲、威仪姿态欲、言语音声欲、细滑欲、人相欲

人们在日常生活中对"六"也很喜爱,在农村人们喜欢在农历的初六、十六、二十六等举行婚礼。中国人对于数字"六"的喜欢在很多方面都有体现,如人们在选择自己的手机号码甚至车牌号时,对于尾号以及其中带有数字"六"特别青睐。人们希望用这些号码为自己讨一个好运,希望自己能够一切顺利。

(7)英语数字 seven 与汉语数字"七"

在西方文化中,seven 的文化内涵很丰富。在西方文化中,人们讲究七种美德,并认为人生有七个时期,规定了七宗罪。同时,英语中的 seven 与 heaven,无论从拼写还是到读音都很接近,因此备受英美人士的喜爱。例如:

in one's seventh heaven 在无限幸福和快乐中

the seventh son of a seventh son 第七个孩子生的第七个孩子(天赋异秉的后代;极为显要的后代)

---

① 殷莉,韩晓玲等.英汉习语与民俗文化[M].北京:北京大学出版社,2007:193.

在早期的基督教文化中,seven 还是圣灵馈赠的礼物的数量,是耶稣谈及十字架的次数。圣母玛丽亚有七喜和七悲;上帝用七天的时间创造了世间万物,因而世人以七天为一周;耶稣说他可以原谅世人七乘七十次;主祷文分为七个部分。在圣经中也有很多和 seven 相关的表达。例如:

Seven Champions 基督教的"七守护神"

Seven-Hill City "罗马"的别称

Seven Sages 希腊的"七贤"

seven seas "世界"的代称

seventh heaven 上帝和天使居住的"天国";人类向往的极乐世界

根据毕达哥拉斯学派的说法,seven 是个吉祥的数字。古时候,西方人就将日、月、金星、木星、水星、火星、土星七个天体与神联系起来,对西方和世界文化具有重要影响。

除此之外,英国许多人认为人的身心状况每七年会有一次重大变化,孩子七岁时思想性格会发生很大的改变,同时有"七岁看老"之说。

在汉语文化中,数字"七"通常被视为神秘的数字,其文化内涵也十分丰富。"七"常和时间、祸福等大事有关。例如,《黄帝内经》中记载:"七月乳牙生,七岁恒牙长,十四(七的二倍)初潮来,四十九(七的平方)丧失生育能力。""七"还被视为女子生命周期各个阶段的标志。在中国民间丧葬祭祀风俗中,人死后七天称为"头七",此后七天一祭,祭完七七四十九天即是"断七"。

在汉语文化中,"七"还经常与"八"连用。例如,七零八落、七拼八凑、乱七八糟、七手八脚,这些说法多含贬义,比喻杂乱、无序。

此外,关于七的神秘说法还有很多,如天有"七星",人有"七窍",神话有"七仙女""七夕节",古诗有"七律""七言""七绝"等。

（8）英语数字 eight 与汉语数字"八"

西方人对数字八有一种流行的解释，认为 eight 像两个戒指上下靠在一起，竖立代表幸福，横倒是无穷大的符号，两者意义融合为"幸福绵绵无穷尽"之意。

在《圣经·马太福音》中，eight 是个福音数字。其中记载了耶稣曾经在给弟子布道时谈及的八件幸事，继创世六日及安息日而来的第八日，象征复活，它宣告未来永恒时代的到来。同时，eight 还意味着幸运之意，在上帝惩罚人类的大洪水中，只有八个人靠诺亚方舟（Noah's ark）逃生。

但是，在弹子迷中 eight 是个不吉利的数字。此游戏中的 8 号黑球通常是一个危险的球，如英语中 behind the eight ball 表示处于困境或不利地位。

在汉语文化中，"八"是一个非常受欢迎的数字，因为它与"发（财）"谐音，而后者代表着财富、美好和富足。不管是门牌号、房间号、手机号还是日期等，只要其中含有"八"都会被人们看作是大吉大利的。例如，"518"因与"我要发"谐音而成了众多商家竞相争夺的电话号码、车牌号码、手机号码等。日期中凡是月份数或具体日数中含有"八"的无一例外被大家看作绝佳的良辰吉日。此外，"八"字还常用于给事物命名。例如，食品名称有"八宝粥""八珍"；方位名词有"八方"；家具名有"八仙桌"；占卜中有"八卦"的说法；阵形有"八卦阵"；文章有"八股文"；军队名有"八旗"。

（9）英语数字 nine 与汉语数字"九"

在西方文化中，nine 是个神秘的数字，根据毕达哥拉斯学派的观点，"3"代表三位一体，3 个"3"则可构成一个完美的复数，因而 nine 的文化内涵也很丰富。在传统的西方文化中，nine 通常表示愉快、完美、长久、众多等。例如：

be dressed up to the runes 打扮得很华丽

on cloud nine 得意洋洋；心情非常舒畅

crackup（flatter/honor/praise）to the nine 十全十美

a stitch in time saves nine 一针及时省九针；及时处理事半

功倍

A cat has nine lives.

猫有九条命。

在西方神话传说和宗教仪式中,nine 出现的频率也很高。例如,天有九重,地狱分九层。再如,北欧神话里的奥丁神在大桉树上吊了九天九夜为人类赢得了神秘古字的奥秘;诺亚方舟在洪水中漂流了九天才到达亚拉腊山顶。

然而,历史上的盎格鲁—撒克逊人却将 nine 视为不吉利的数字,常用它来治病、占卜或驱除魔法。

在汉语文化中,数字"九"通常被视为"天数"。"九"和"久"谐音,因此封建帝王常借用"九"来预示统治的万世不变、地久天长。最为典型的要数故宫的建筑,其中有九千九百九十九间,三个大殿内设有九龙宝座,宫门有九重,宫殿和大小城门上金黄色的门钉都是横九排、竖九排,共计九九八十一个。故宫内宫殿的台阶也都是九级或九的倍数。天坛是皇帝祭天的场所,其圆丘、栏杆以及圆丘上的石块数目也都是九或九的倍数。在民俗文化中,"九"也被视为吉利的数字。例如,农历九月九日,两九相重,都是阳数,因此称为"重阳"。

此外,中国传统文化中常将最高、最古、最多、最远、最深、最大的事物以"九"冠名。例如,一言九鼎、九霄云外、数九寒天、九五之尊、九死一生、三教九流、九州四海等。

(10)英语数字 ten 与汉语数字"十"

在西方文化中,ten 更多倾向于褒义色彩。根据毕达哥拉斯学派的观点,ten 是头四个自然数之和($1+2+3+4=10$),代表全体和完美。它是前九个数字朝一的回复,预示着万物起源于它,也将回归于它。英语中也有一些和 ten 相关的词汇。例如:

ten to one 十之八九

the upper ten 社会精英

feel ten feet high 趾高气扬

在中国文化中,"十"也是个吉祥的数字,备受人们的喜爱。

早在东汉时期,经学家、文字学家许慎在《说文解字》中就将"十"的笔画进行了分解,"横为东西,竖为南北,则四方中央备矣。""十"也常被视为完美的象征,有很多和"十"相关的词语。例如,十全十美、十分、十足、十拿九稳等。

(11)英语数字 thirteen 与汉语数字"十三"

在英语文化中,thirteen 是个令人恐惧不安、具有文化禁忌的数字,通常象征"倒霉,不吉利"。这种文化内涵有很深的历史渊源。在西方的中古时代,绞台有 13 个台阶,绞环有 13 个绳圈,刽子手薪金是 13 个钱币。直到如今,高层建筑隐去第 13 层编号;剧场、飞机航班、火车等都无第 13 排座,公共汽车没有 13 路,甚至一些书籍都没有第 13 章。可见,西方人对 thirteen 的禁忌心理很严重,因此产生了很多和 thirteen 相关的表述。例如:

the thirteen superstition 13 的迷信

unlucky thirteen 不吉利的 13

在《圣经》文化中,关于 thirteen 也有很多说法。例如,夏娃与亚当偷吃禁果之日是在 13 日;在最后的晚餐上,出卖耶稣的犹大(Judas)是餐桌上的第 13 个人。同时,耶稣受难日的星期五又正好是 13 日。因而,西方人也大都认为 13 号诸事不宜,否则容易倒霉。在日常生活中,西方人对数字 13 的回避就像中国人回避 4 的心理一样。

从整体上来说,汉语中的数字"十三"不像英语中的 thirteen 那样具有文化凶义,有时甚至还具有积极的文化内涵。例如:

明朝皇帝的陵墓有十三座,被统称"十三陵";清代京腔有"十三绝"。

北方戏曲的押韵都定为"十三辙";儒家的经典为《十三经》。清末小说家文康《儿女英雄传》中有侠女"十三妹"。

北京同仁堂药店有十三种最有名的中成药,号称"十三太保"。

中国古建筑塔多为十三层;中国佛教宗派为十三宗;行政十三级及其以上者为"高干"等。

2.英汉基数词与序数词的文化内涵比较

在英汉两种语言中,存在着很多有关基数词和序数词的习语表达,它们在数量和文化内涵层面也存在着诸多差异。

(1)英语基数词和序数词构成的习语数量很多,其中序数词构成的习语占总量的 42%,英语 1~20 之间的数字中,只有 thir-teen,fourteen,sixteen,seventeen 四个数字没有基数词的习语,其他主要集中在前面的七个数字之中,即 one,two,three,four,five,six,seven。例如:

one and only 唯一
be at one 意见一致
on all fours 匍匐着
one or two 一两个
take fives 休息一会
seventy times seven 很大的数目
at sixes and sevens 乱七八糟、杂乱无章

英语中的序数词构成的习语集中在 first,second,third,fifth 这四个数字上。例如:

take the Fifth 拒绝回答
second birth 精神上重生
first and last 总而言之
the third degree 刑讯,逼供

(2)汉语中的数字习语主要由基数词构成,序数词组成的习语很少。例如,一蹶不振、一知半解、一言一行、一时半刻、一鳞半爪等。

二、英汉数字文化互译

(一)保留数字直译法

运用保留数字的直译策略翻译英汉数字习语,不仅有利于保

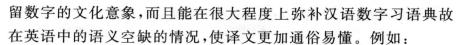

留数字的文化意象,而且能在很大程度上弥补汉语数字习语典故在英语中的语义空缺的情况,使译文更加通俗易懂。例如:

七嘴八舌 with seven mouths and eight tongues

十年树木,百年树人。

It takes ten years to grow trees, but a hundred years to rear people.

(二)保留数字套用法

保留数字套用法是利用人类思维认知的共通性,将汉语中一小部分习语套用英语中和其相同的部分。这种翻译方法有以下两种情况。

(1)数字的大小可能会发生改变。例如:

半斤八两 six of one and half of a dozen

一个巴掌拍不响。

It takes two to make a quarrel.

(2)套用还可以完全摒弃数字的文化意象,采用译入语中固有的表达来译。例如:

五十步笑百步。

The pot calling the kettle black.

不管三七二十一。

Throwing cautions to the wind.

结合以上两种情况,对习语中数字是保留还是替换,译者应根据具体的情境和译入语语境。

(三)通俗共用翻译法

通俗共用的翻译策略主要是对英汉数字习语中内容和形式相近的同义数字而言的。这种翻译方法不仅能尽可能地传达原作内容、形式与色彩上的风格,还可以迎合译语在这些方面的风姿,进而达到通俗共用的效果。例如:

in twos and threes 三三两两

kill two birds with one stone 一举两得

(四)舍弃数字意译法

舍弃数字意译法是指保留数字习语所表达的意义,可适当摆脱形式的限制。这种翻译方法在很多情况下都适用,但可能会丢弃原文形象的表达。例如:

过五关斩六将 to experience many hardships

你在工商界威望很高,关系又多,真是四通八达。

Your standing is very high in the world of business and you are plenty of contacts. Really, you are very well connected.

本例中"四通八达"本义是指通畅无阻、交通便利,四面八方都通达。但此处是夸张的说法,旨在表达一个人的人脉好,关系网密,运用舍弃数字意译法能够很好地传情达意,也利于英语读者把握原文真正的意思。

第二节　英汉色彩文化对比与互译

一、英汉色彩文化对比

(一)英语 white 与汉语"白"

1. 英语中的 white

西方文化中,white 的文化内涵非常丰富,主要表现在以下几个方面。

(1)象征纯洁、清白、光明等。英语国家在婚礼上会穿白色的婚纱,以示新娘的纯洁无瑕。此外,white 还象征爱情的忠贞不移,如 white rose of innocence/virginity。

（2）象征幸运、善意。例如：

a white day 吉日

days marked with a white stone 幸福的日子

a white lie 善意的谎言

（3）表示正直、合法。英语中的 white 可引申出"正直"等含义。例如：

a white man 忠实可靠的人

a white spirit 正直的精神

stand in a white sheet 忏悔

white hope 被寄予厚望的人或事

white light 公正无私的裁判

white-handed 正直的

（4）英语中的 white 也不总是用来象征美好的事物，有时人们也会用它来表示负面影响或消极情绪。例如，在战争中，失败一方会打出白旗（white flag）以示投降；在斗鸡中，认输的一方会竖起颈上插着一根长长的有点白色的羽毛，于是就有 show white feather 的表达。再如：

white trash 指没有文化、贫穷潦倒的美国白人

white night 不眠之夜

2. 汉语中的"白"

在中国文化中，白色有着丰富的文化内涵，主要表现如下。

（1）代表纯洁、素洁、纯净。例如，《增韵》中记载："白，素也，洁也。"白色还代表没有任何额外的东西。例如，白条，白汤，白水。

（2）在中国古代，平民经常穿的就是没有任何修饰的白布衣服。"白衣"代表没有文化和身份的贫苦贫民。

（3）在中国民俗里，丧事要穿白色孝服，白色代表着肃杀、死亡，是丧事的标志。

（4）表示落后、反动、投降。白色在其发展过程中受政治的影

响,从而具有腐朽、反动、落后的象征意义。例如,"白色恐怖"指反动政权制造的镇压革命的恐怖氛围,"白军"指反动军队。其他词语还有"白区""白匪""白色政权"等。

(5)在现代社会中,白色是对女性美和婴幼儿健康标准的评判。人们普遍认为美丽的女性应该看起来白,因此在中国有"一白遮百丑"的说法,而人们对婴幼儿的一个褒义评判标准也是"又白又胖"。

(6)表示奸邪、阴险。例如,忘恩负义的人被称为"白眼狼";在京剧脸谱中,白色表示阴险奸诈,如戏剧中演奸臣的角色被称为"唱白脸"。

(二)英语 yellow 与汉语"黄"

1. 英语中的 yellow

在西方文化中,yellow 作为普遍存在的颜色,其内涵存在褒、贬两个层面,其中贬义色彩更为浓厚一些。英语中 yellow 的贬义含义主要体现在以下几个方面。

(1)表示胆怯、懦弱。在英语中,黄色能带给人们喜悦、兴高采烈的心情,但有时也能使人情绪不稳定,常与懦弱、卑怯有关。例如:

yellow dog 懦夫,胆小鬼

yellow livered 胆小鬼

yellow streak 性格中的怯懦

(2)表示警告、危险。例如:

yellow line 黄色警戒线

yellow flag 黄色检疫旗

yellow warning 黄色警告

(3)表示疾病或指秋天的落叶萧条、死亡或枯黄。例如:

yellow blight 枯黄病

yellow leaf 枯叶

yellow fever 黄热病

（4）表示以庸俗的文字、耸人听闻的报道吸引读者的报刊或新闻。例如：

yellow journalism 黄色新闻

yellow press 色情出版

（5）表示不值钱的、廉价的、无用的。例如，yellow covered 指（法国出版的）黄色纸张印刷或黄色封皮的廉价小说。

（6）表示非法合约名称或机构名称。例如：

yellow-dog contract 美国劳资间签定的劳方不加入工会的合约

Yellow Union 黄色工会，常待命出动破坏罢工

（7）表示种族歧视。例如：

yellow peril 希特勒散布黄种人危害西方文明的东方文化威胁论

yellow badge 纳粹德国要求犹太人佩带的标志

yellow 在西方文化中的褒义内涵则主要体现在以下两个方面。

（1）象征财富。例如：

yellow 金币

（2）表示荣誉或竞技。例如：

yellow jersey 环法自行车赛冠军所得奖品

yellow ribbon 士兵团结一致的战斗精神

此外，在美国，黄色还表示怀念、思慕和期待远方亲人归来的意思。例如，yellow ribbon 除了表示战斗精神，还指人们在书上、车上或其他地方挂的黄色丝带，用来表示希望正在国外处于困境的亲人早点归来。

2. 汉语中的"黄"

在中国文化中，黄色是一种特殊又矛盾的有代表性的颜色。可以说，黄色自古以来就与中国传统文化有着不解之缘。而从古

代到现代,人们也赋予了黄色一些极其不同的文化联想意义。具体来说,黄色的文化内涵主要有以下几个。

(1)象征皇权、尊贵。在中国,黄色常常象征着地位的高贵。特别是在中国封建社会中,黄色是皇权的象征,是权利的标志。例如,"黄袍"是天子穿的衣服,"黄榜"是指皇帝发出的公告。再如,在古代建筑中,只有皇宫、皇陵才可以使用黄色琉璃。由此可见,黄色是尊贵的。

(2)象征神灵。"黄"在传统的中国文化中还带有一层神秘色彩,即象征神灵。例如,"黄道吉日"是指宜办喜事的吉日;"黄表纸"是祭祀神灵时烧的纸;"黄泉"是指阴间。

(3)象征富足。中华民族发源于黄河流域,又由于金子与成熟的谷物呈黄色,因此黄色还是富足的象征。古时大户人家常使用各种黄金器皿,佩戴各种黄金首饰,以此显示其富有或显赫的地位。

(4)象征稚嫩。由于婴儿的头发是细细的黄毛,所以黄色可以用来指幼儿,如"黄童白叟"。另外,黄色也常用来讥诮未经世事、稚嫩无知的年轻人,如"黄口小儿""黄毛丫头"等。

(5)象征色情、淫秽、下流、堕落。受 yellow back(轰动一时的廉价小说)一词的影响,黄色在现代汉语文化中具有了色情淫乱的象征意义,如"黄色小说""黄色图片""黄色书刊""黄色音乐""黄色电影""黄段子"等。

(6)在中国戏剧中,黄色脸谱代表着凶猛和残暴。

(三)英语 red 与汉语"红"

1.英语中的 red

在西方文化中,red 的负面含义更加明显,主要表现如下。

(1)表示负债、亏损。在西方,若账单、损益表中的净收入是负数时,人们会用红笔表示出来以突出显示。因此,red 可以表示负债、亏损。例如:

red ink 赤字

red figure 赤字

in the red 亏本

red balance 赤字差额

（2）表示暴力、流血。红色如血，因此西方人常将 red 与流血、暴力、危险、激进联系在一起。例如：

red alert 空袭报警

a red battle 血战

red revenge 血腥复仇

the red rules of tooth and claw 残杀和暴力统治

red hot political campaign 激烈的政治运动

（3）表示放荡、淫秽。由于红色鲜艳，极其夺目，因此在西方文化中还有诱惑、邪恶之美等隐喻含义。例如：

paint the town red 花天酒地地玩乐

a red light district 红灯区（花街柳巷）

a red waste of his youth 因放荡而浪费的青春

（4）表示愤怒、羞愧。人生气或害羞的时候会脸红，因此 red 也常指愤怒、羞愧的感情。例如：

to see red 使人生气

become red-faced 难为情或困窘

waving a red flag 做惹别人生气的事

除此以外，red 在西方文化有时也作为褒义词，表示尊贵、荣誉、尊敬。例如，在电影节开幕式或欢迎他国首脑的仪式上，主办方常铺红毯（the red carpet）以迎接来宾。

2. 汉语中的"红"

红色是中国人最为喜爱的喜庆色，是一种被人们崇尚的颜色，通常具有积极的文化内涵，主要表现如下。

（1）红色在中国人眼中首先象征着热烈、欢快、喜庆、吉祥、吉兆、财运等。在中国古代，王公贵族所居住的豪宅大院其大门多漆为红色,用以象征富贵。如今,中国人在结婚、过节、欢庆时都用红色作为装饰色调。例如,过节要贴红对联、挂红匾、剪红彩;生孩子要送红蛋;结婚要贴红喜字,用红被面、红枕头等。人们在本命年时,不论大人还是小孩,都要扎上红腰带,认为这样可以避凶消灾。

此外,表示兴旺和发达的词有"开门红""红光满面""红日高照""满堂红""红利""红包""分红"等;表示成功和圆满的词有"走红""演红了""红得发紫""红极一时"等。

(2)红色在中国文化中还有忠诚的含义,尤其是在戏剧中,红色是正义忠良的色彩。例如,关羽在戏剧中是红脸人物,被视为忠心耿耿的英雄。此外,中国人还常用"一片丹心""赤子""赤胆""红心"等来称赞英雄,激励自己。

(3)由于红色与血与火的色彩相联系,因此在中国红色还用来代表革命,这使得红色被抹上了一层政治色彩。例如,20世纪中国共产党所领导的大革命时期就有"红军""红心""红旗""红区""红领章""红色政权""红色根据地""红色资本家"等词。文化大革命时期,又出现了"红卫兵""红宝书""红海洋""红五类"等词。

(4)红色在现代汉语中还象征着青春、健康和积极向上。例如,"红光满面""红润"等。

总之,不仅中国人十分喜爱红色,在西方人眼里,红色也是中国独具特色的文化象征之一。当然,红色在汉语文化中也可作为贬义。例如,红色可以表达某种消极情绪,如"面红耳赤""脸色通红""眼红"等。

(四)英语 black 与汉语"黑"

1. 英语中的 black

在西方文化中,black 常被当作是"死亡之色",可见其贬义色彩更为浓厚一些。英语中 black 的文化内涵主要体现在以下几个方面。

（1）象征悲痛、死亡和苦难。欧美国家人们认为黑色能使气氛显得庄严肃穆，令人肃然起敬，是丧礼时的专用色彩。例如，黑色面纱、黑色眼睛、黑色围巾用于表示对死者的哀悼。

（2）常用于描述态度不好、心情坏、脸色差或状况不明。例如：

black-browned 愁眉苦脸的

to be in a black mood 生气，发脾气

be/go black in the face 非常生气

再如，Black Tuesday 指的是 1987 年 10 月 19 日星期二那天华尔街股市崩溃，进而引起世界各地股市的接连崩溃这一特定的历史事件。black economy（黑色经济）指国家经济的一部分，但是建立在未申报收入的基础上，且无法估计税额，实际上属于非法收入。

（3）表示耻辱、不光彩、邪恶、犯罪。例如：

Black Man 邪恶的恶魔

a black eye 丢脸、坏名声

black guard 恶棍、流氓、坏蛋

black deeds 卑劣的行为

black lie 阴险的谎言

black-leg 骗子、工贼

black magic 邪恶的魔力

（4）象征着隆重、严谨和谦虚。black 以其色调暗、朴素而沉稳，是西方传统服装的主色。例如：

black suit 黑色西装

black dress 黑色礼服

（5）表示盈利。这里的用法正好与 red 相对，西方人习惯以记账通用的黑色字体来标注盈利的数字，因此就有了 in the black（盈利、有结余）的说法。

（6）在《圣经》文化中，black 象征邪恶、妖魔和黑暗。例如：

black box 黑匣子（意味着灾难或不幸）

black mass 魔鬼的信徒仿照基督教之礼拜仪式；黑弥撒

（7）表示没有希望。例如：

black news 坏消息

the future looked black 前景黯淡

此外，black 还有许多引申义。例如：

black tea 红茶

black mouth 诽谤者

Black Hand 黑手党；从事犯罪活动的黑社会组织

black humor 黑色幽默

a black-letter day 倒霉的一天

2.汉语中的"黑"

"黑"是诸多基本颜色中最为常见的一个，也是颜色词汇中含义较多的一个。在中国的传统文化中，黑色的文化内涵十分复杂，也是褒贬共存的。一方面，黑和白普遍被认为是黑暗和光明的对立象征，因此其本身并不被喜欢；另一方面，黑色中性特质所表现出的庄重内涵又为人所崇尚。具体来说，汉语文化中的黑色主要有以下几种文化内涵。

（1）象征尊贵、庄重。在春秋时期，黑色是作为官员上朝时所穿的朝服，古书《毛诗故训传》就有这样的解释："缁，黑色，卿士听朝之正服也。"这是指古代用黑色帛做的朝服，以显其尊贵、庄严的气势。可见，黑色作为古朝服的颜色，那么黑色在古代的地位并不低。即使在今天，黑色仍具有"庄重、显贵、正式"的含义。例如，一般的公务车是以黑色为主导色彩，因为人们认为黑色显得沉稳厚重，能给别人留下身份显赫的印象。

（2）象征刚直不阿、公正无私。在戏剧舞台上，人们一般用黑色或以黑色为主色调来表示刚直不阿、严正无私和憨厚忠诚的人物特点，如包拯、李逵、尉迟恭、张飞等人的脸谱色彩都是黑色。

（3）由于黑色常使人联想起黑夜，因此就有了负面方向的基本联想。当人们想起黑夜时，会感到恐怖和无助，当人们看到一些黑色的动物和鸟类，如乌鸦、猫头鹰、猪等也会产生厌恶之感。此外，中国人认为黑色是地下冥间的色彩，鬼之色就是黑色。

（4）黑色还象征着反动、邪恶等。在现代汉语中，有很多用黑色来表示的词语都说明了"黑"不受欢迎的一面。例如，"黑手""黑话""黑幕""黑市""黑人""黑户""黑店""黑心""黑帮""黑货""黑会""黑枪""黑金""黑账""黑交易""黑道""黑车""抹黑""黑社会""黑势力""背黑锅""黑爪牙""黑干将""黑名单""黑色收入"等。

（五）英语 blue 与汉语"蓝"

1.英语中的 blue

在英语中，blue 的文化内涵主要表现在以下几个方面。

（1）blue 象征着荣誉和对美好事业的追求，被视为当选者或领导者的标志。例如：

blue book 蓝皮书（用于刊载知名人士）

blue ribbon 蓝带（象征荣誉）

（2）blue 象征博大、力量、永恒。常让人联想到天空和大海等博大的事物。例如，常将苍天和大海称为 the blue。

（3）蓝色也用于表示反面的含义，如悲哀、空虚、阴冷、抑郁等。例如：

in the blue mood /having the blues 情绪低沉；烦闷；沮丧

blue devils 蓝鬼（沮丧、忧郁的代名词）

a blue Monday 倒霉的星期一

blue about the gills 脸色阴郁；垂头丧气

blues 曲调忧伤而缓慢的布鲁斯

此外，还有一些带有 blue 的英语短语。

blue chip 热门股票，蓝筹股

a blue-collar worker 体力劳动者

a bolt from the blue 晴天霹雳

blue-pencil 校对，删改

to be blue with cold 冻得发青

till all is blue 彻底地

into the blue 无影无踪；遥远地

a blue film 黄色电影

blue revolution 性解放

2.汉语中的"蓝"

在自然界的色彩中，蓝色给人以轻快明亮的感觉，这是因为大海、天空均为蓝色。但是，以蓝色为核心的词语构成在汉语中是十分贫乏的。无论是在古代汉语还是现代汉语中，"蓝"字通常都是就事论事的使用，没有其他的引申义，如《荀子·劝学》中的"青，取之于蓝而青于蓝"，白居易《忆江南》中的"日出江花红胜火，春来江水绿如蓝"。

如果说象征意义的话，在现代，蓝色的一个比较常见的代表意义是"依据"。例如，"蓝本"原本是指书籍正式复印之前为校稿审订而印制的蓝色字体的初印本，后来专指撰著、改编等所依据的底本、原稿。又如，"蓝图"一词源自英语单词 blueprint，原指设计图纸，因其为蓝色而得名，现在也用以喻指建设所依据的设计、规划以及人们对未来的宏大设想等。

此外，在中国文化中，蓝色还用来代表稳定、沉着、勇敢和素净。例如，在传统戏剧中，蓝色的脸谱代表着坚毅、勇敢。

（六）英语 purple 与汉语"紫"

1.英语中的 purple

在英语文化中，purple 被视为高贵的颜色，其文化内涵主要表现在以下几个方面。

（1）表示高雅、显贵、优雅、权利与荣耀。古代的帝王和有权势的高官等都着紫袍。purple 还可以代指那些具有高官头衔的人，甚至是皇族或贵族。例如：

be born in the purple 出生于王室贵族的或身居显位

the purple 帝位，王权、高位，即指古罗马皇帝或红衣主教所穿的紫袍

marry into the purple 嫁到显贵人家

purple passion 暗中被爱着的人

（2）表示华丽、智慧。例如：

purple prose 风格华丽的散文

raised to the purple 升为红衣主教

purple passages/patches 文学作品中辞藻华丽的段落；浮词丽句的段落。

此外，purple 还可以用于描述情绪。例如，be purple with rage（气得满脸发紫）。

2. 汉语中的"紫"

在中国文化中，紫色虽然不是基本色，由红色和蓝色合成，但其也具有丰富的文化内涵。

在我国古代，紫色是高贵、祥瑞的象征和标志，因此封建的帝王将相经常使用。古代皇宫即为"紫禁城"。民间传说有天帝位于"紫微宫"（星座名称），因而以天帝为父的人间帝王以紫为瑞。同时，还将"紫气"作为祥瑞之气。因而，直到如今紫色仍有祥瑞之意的文化内涵。

（七）英语 green 与汉语"绿"

1. 英语中的 green

（1）在英语文化中，绿色是植物王国的颜色，因此也代表着青春、生命、希望，是春天的象征。例如：

a green age 老当益壮

in the green 血气方刚

in the green tree/wood 在青春旺盛的时代,处于佳境

再如,中世纪的画家通常会把十字架画成绿色的,象征着基督带来的新生以及人们死后回归天堂的希望。

(2)表示新鲜。例如:

green meat 鲜肉

a green wound 新伤口

(3)表示幼稚、新手、没有经验、不成熟、缺乏训练等。例如:

green hand 新手

as green as grass 幼稚

to be green as grass 幼稚,无经验

Do you see any green in my eye?

你以为我是幼稚可欺的吗?

You are expecting too much of him. He's still green, you know.

你对他要求太高,他还没经验!

(4)表示妒忌。例如:

green with envy 眼红

green-eyed 害了红眼病;妒忌

在汉语中,表示这一意义用的则是"红"字。

(5)表示钞票、金钱。由于美国的钞票以绿色为主色调,因而绿色具有钞票的象征意义。人们称"美钞"为 green back,并由此延伸出 green power(金钱的力量,财团)这一说法。

如今,随着环保概念的深入,东西方现在都认同"绿色"为环境保护的代名词,例如:

green and luxuriant 绿葱葱

make green by planting 绿化

green food 绿色食品

greenish 同情环保事业的

green consumerism 绿色消费

the Green Revolution 绿色革命

the Greens 保护环境的政治团体

Green Peace Organization 绿色和平组织

2. 汉语中的"绿"

自古以来,绿色是植物的生命之色,通常象征着生机。同时,绿色在光谱中处于中间位置,是一种平衡色。在中国,绿色代表着生命、希望、安全、太平和和平。

(1)在古代,屈原的《楚辞》第九章《橘颂》中记载:"绿叶素荣,纷其可喜兮。"

(2)在现在汉语中,绿色一般指没有污染,如绿色能源、绿色旅游、绿色食品、绿色科技、绿色工厂等。"绿"作为颜色以及绿化之意,和英文基本上是对等的。

(3)绿色象征和平。最为典型的例子就是世界和平组织有绿色橄榄枝拥着白鸽的图案,是和平的象征。

(4)汉语中的绿色也带有贬义色彩。例如,人们通常说的"戴绿帽子"就出于明代郎瑛的《七修类稿》:"吴人称人妻有淫者为绿头巾。"

二、英汉色彩文化互译

(一)直接翻译法

对于英汉两种语言中具有相同联想意义的色彩词,在进行翻译时通常可以保留原有形式进行直接翻译。例如:

red rose 红玫瑰

red carpet 红地毯

a dark red blouse 一件深红的罩衫

black market 黑市

black hearted 黑心肠

black list 黑名单

yellow brass 黄铜

grey uniform 灰制服

green tea 绿茶

white flag 白旗

White House 白宫

white terror 白色恐怖

white-collar workers 白领阶层

blue-collar workers 蓝领阶层

The boy flushed red with shame.

这个男孩羞红了脸。

The grey-black clouds had suddenly departed and an expanse of colored clouds had blazed up at the western edge of the sky.

灰黑的云突然遁去,西天边烧起一片云彩。

(二)变色翻译法

这种翻译方法主要用于英汉两种语言经常使用不同的色彩词来表达同一个意思的情况。具体而言,就是将源语的色彩词转换成目标语中与之相对应的色彩词,使其与读者所处的文化背景、语言习惯相符合的翻译方法。例如:

My finger was caught in crack of the door and got pinched black and blue.

我的手指夹在门缝里,压得又青又紫。

本例中,英语文化习惯用 black and blue 对遍体鳞伤、伤痕累累进行描述。但是,在汉语文化中却用"又青又紫""青一块、紫一块"来表达,如此变色翻译更为恰当。再如:

red sky 彩霞

blue talk 黄色段子

brown bread 黑面包

红糖 brown sugar

红葡萄酒 purple wine

(三)增色翻译法

增色翻译法指的是源语中并未出现色彩词,译者可以根据目的语的表达习惯增添一个或几个色彩词使其与源语相近或相似。例如:

重要的日子/节日 red-letter day

大怒 see red

繁文缛节 red tape

暗淡的前途 black future

make a good start 开门红

wedding and funeral 红白喜事

He is a popular singer and in fact he becomes even more popular after the competition.

他是个当红歌星,事实上经过那次比赛他就更红了。

His eyes became moist.

他眼圈红了。

(四)删色翻译法

有时候,英汉语中的一部分颜色词无法进行直译,也无法替换颜色词进行翻译,此时可以去掉颜色词进行意译,以便更准确地表达本意。例如:

白面(儿) heroin/cocaine

黑心肠 evil mind

红榜 honor roll

红运 good luck

a black look 怒目

red ruin 火灾

She is green with jealousy.

她醋意大发。

I dislike John, for he is a yellow dog.

我讨厌约翰,他是个卑鄙小人。

He has white hands.

他是无辜的。

He is a white-haired boy of the general manager.

他是总经理面前的大红人。

第八章

英汉人名、地名文化对比与互译

从语言学层面来看，人名和地名统称为"专名"，即某一事物的专有名称。尽管研究专有名称属于语言学的范畴，但其涉及大量有关历史、地理、民俗、心理、社会等方面的知识，有着丰富的文化内涵。这些专有名称，尤其是人名、地名的意义、来源、结构无不反映着其蕴含的文化。因此，英汉人名、地名的文化必然存在一定的差异，它们的差异会影响翻译活动的展开。本章就对英汉人名、地名文化对比与互译进行探讨。

第一节　英汉人名文化对比与互译

人名、语言与文化三者有着密不可分的联系。确切地说，人名是语言与文化相结合的产物。因此，人名既是一种语言符号，还是一种文化符号。本节先来分析英汉人名文化的差异，在此基础上研究英汉人名的互译。

一、英汉人名文化对比

(一)英汉姓名结构差异

1.结构差异的表现

英汉姓名在结构上存在一定的差异。英语姓名为名在前,姓在后,如 Shakespeare 是姓,William 是名。英语姓通常由三部分构成,即教名(the Christian name/the first name/the given name)＋中间名(the middle name)＋姓(the family name/the last name),如 Eugene Albert Nida(尤金·阿尔伯特·奈达)。但有时,英语的中间名仅写其首字母或不写,如 Eugene Albert Nida写成 Eugene A. Nida 或 Eugene Nida。汉语人名通常由四个部分构成:姓＋名＋字＋号。姓用来区分一个人所属的氏族血统;名一般都寄托着父母等长辈对孩子的期望,反映着取名者的价值观念与取向;字则是对名的内涵的补充和延伸;号是对字的进一步解释,常用作自我激励。而如今,汉语人名一般只包括两个部分:姓＋名。现代汉语人名的排列顺序为:姓在前,名在后,如"赵奕奕、王鑫、孙小雅"等。这里的"姓"代表血缘、先祖、家庭、群体,可以说是一个"共名",而"名"则代表个体,是一个专名。[①] 从古至今,汉语中的姓都是从父辈传承下来的,孩子都随父姓。随着时代的发展和进步,人们越来越追求个性,讲求特立独行,于是有的孩子的姓氏也会跟随母亲,如母亲叫赵晓燕,女儿叫赵芳芳。

2.出现差异的原因

(1)客观原因

导致中西方姓名结构出现差异的客观原因是:中西方姓与名

---

① 张丽美.英汉人名文化比较及翻译[J].长春教育学院学报,2009,(6):42.

产生的时间先后不同。中国的姓最早产生于母系氏族社会,而名则产生于夏商时期,晚于姓。正是这个原因,中国姓名呈现出"姓前名后"的排列结构。然而,西方人名演变过程则是先有名,后有姓。很多西方国家,如英、法、德等在很长一段时间内都是有名无姓的。直到中世纪后期才出现姓,如英国的贵族 11 世纪才开始使用姓,文艺复兴时期以后才在全国普及开来;德法两国人 13 世纪以后开始使用姓。俄罗斯更晚,16 世纪才开始使用姓。因此,西方人的姓名排列顺序为"名前姓后"。

具体来讲,导致中国人姓氏早于名字出现,西方人的名字早于姓氏出现的原因有下面两个。

第一,中华民族有 5 000 年的悠久历史,而西方的文明史要短很多。

第二,汉字产生的时间明显要比其他文字产生的时间要早。作为记录姓名的符号,语言产生的早晚也影响到姓名称谓产生的早晚。

（2）主观原因

造成中西方姓名结构出现差异的主观原因是中西方价值观念的不同。中国古代社会有着明显的宗法观念,宗族在中国传统文化中占据极其重要的地位,是社会凝结的核心。因此,相对于代表个人的名字而言,代表宗族的姓氏要重要得多。这种观念体现在姓名结构上,就是姓氏在前,名字在后的排列顺序。与之相反,西方文化强调个人独立,推崇人的自由、平等,个人的利益、价值受到极大重视和保护,所以代表个人的名就位于代表群体的姓之前。

(二)英汉姓氏文化差异

1.数量差异

英语姓氏大约有 15.6 万个,常用的有 3.5 万个左右。根据《中华古今姓氏大辞典》的统计,包括少数民族姓氏在内的中国姓氏共有 1.2 万个左右。可见,从数量上看,英语姓氏远远多于汉语姓氏。[①]

英语姓氏的数量之所以如此庞大与英国的社会、经济状况有着密不可分的关系。早在 18 世纪、19 世纪的欧洲,城市资本主义经济有了一定的发展,小家庭开始逐渐替代之前的宗法大家庭。而由于征兵纳税以及各国之间贸易往来和人口频繁迁徙等因素,个人的地位和作用越来越突出。因此,作为解决财产所有权和承担社会权利和义务的姓就必然成为了广泛的社会问题,迫使各国政府下令每人都必须有姓。在这种个体小家庭广泛存在的社会条件下,姓氏数量就越来越多,自然也就比中国的姓氏多了(郑春苗,1994)。

2. 作用差异

从作用上看,英语姓氏所承载的内容要少于汉语姓氏。通常,姓氏具有如下两种作用。

(1)承载宗族观念

姓氏既是血缘关系的家族或宗族的标志,又可用于区分不同族群。家族或宗族因姓聚居,姓在心理上起到了宗族归属感的作用。在中国旧社会中,人们特别强调宗族观念,姓反过来又加深了宗法观念和制度。

(2)区别婚姻

中国具有"同姓不婚"的习俗。该习俗不仅是为了下一代而着想的,更是为了巩固家族的力量。由于不同姓氏的宗族集团一旦结成姻亲,就可以互相扶助,增强势力。

然而,英语姓氏就没有这些作用。另外,姓氏在英语文化中也远没有在汉语文化中重要。

---

① 殷莉,韩晓玲等.英汉习语与民俗文化[M].北京:北京大学出版社,2007:236-237.

3.英语姓氏的随意性与汉语姓氏的求美性

英语姓氏千奇百怪,五花八门,很多中国人觉得不雅的、不吉利的、不悦耳的词,都被他们用作姓氏。例如,wolf(狼),poison(毒药),fox(狐狸),tomb(坟墓)等。相反,中国人对姓氏有着极为严格的要求,追求姓氏的美感。例如,汉语姓氏中不会出现"丑""恶"等字眼。汉语中源自部落图腾的姓,如"狼""猪""狗",为了避丑后来将其改成了"郎""朱"和"苟"。

4.英语姓氏的表述性与汉语姓氏的概括性

英语姓氏有着明显的表述性,常常描述个体的特征。而汉语姓氏具有概括性,多表示族群,并不表述个体的特征。比如,英汉民族均有源于动物的姓氏,但其反映出的文化却存在诸多差异:英语中的动物姓氏反映出了个人的特征,如 bull 反映了人的忠实厚道或力气大的特点,wolf 反映了人的凶残者,Longfellow 反映了人的身子很长等;汉语中的动物姓氏,如龙、熊等皆为原始部落图腾的标志。

(三)英汉名字文化差异

1.取名倾向

人名通常都反映着父母对子女的期望或寄托,也在一定程度上代表着一定历史时期的社会时尚和人们的价值观念。英汉人名中,男女的取名倾向是不同的,男性的名字需要有阳刚勇猛之气,而女性的名字要体现阴柔秀美之意。因此,男性名字中多有刚强、奋斗、追求以及胸襟开阔等意义;而女性名字中则多是娇柔、美丽、贤惠等字眼。男刚女柔的心态是中西方国家取名时都特别追求的目标。

在英语国家中,常见的男性名字有 Alexander 亚历山大(人类的智慧),Frederick 弗雷德里克(爱好和平的统治者),John 约翰(神的恩典),Charles 查尔斯(大丈夫),Andrew 安德鲁(刚强),Anthony 安东尼(无比可贵),Frank 弗兰克(自由),Walter 沃尔特(强有力的统治者)等。英语国家常见的女子名有 Elizabeth 伊丽莎白(神的誓言),Helen 海伦(光明的使者),Anne 安妮(高雅),Alice 爱丽丝(美丽),Nancy 南希(高雅),Jenny 珍妮(文静)等。

在汉语中,男性名包括"海""斌""宏""柱""刚""强""勇""杰""智""毅""凯""国""力"等。中国女性的名字中多带有"淑""秀""慧""娟""珍""敏""娜""燕""丽"等字眼。

2.人名忌讳

西方人在名字选择上没有太多的避讳,他们经常会使用父辈名字,以表达对长辈的敬意,可能是为了表达父母的骄傲,也可能是为了纪念家族中的某一位成员,或者是为了表达对家族中某个成员的爱戴和敬仰等。由于西方没有强烈的宗族,也没有森严的等级制度,家庭之间的关系比较松散,所以人与人之间的平等格外重要。因此,从西方人名的选择上就可以看出一种相对平等的社会关系。

中国人取名时会考虑很多因素,除了注意音美、形美、意美、知趣美之外,还有一些禁忌。具体来说,中国人在取名时会忌讳如下事物。

(1)忌用"丑""陋"字眼取名。受传统的不科学、不文明的陋习和落后意识的影响,用"丑陋"字取名,在我国由来已久,且流传至今。例如,"郭狗狗""贾毛猴""张蛇""牛牢"等。这与现今的讲文明、爱美的社会风尚极不协调,所以我们应摒弃这种不好的取名方式。

(2)忌用"凶""坏"字眼取名。"凶"与"坏"均为贬义,用这种字命名,是违背人们意愿的。例如,"范病""元凶""李劫夫""洪水""李大悲""武归天"等。

(3)忌用贬义取名。受"贱名长命"等落后思想的影响,我国从古到今,用"贬义"词取名的现象层出不穷。例如,"希卑""百家奴""严怪愚""毛妹""刘黑枷"等。由于用贬义词取名,严重违背了"意美"的要求,所以应该忌用。

(4)忌用繁难、怪僻的字眼取名。用繁难、怪僻字取名,不但会影响人们之间的交流,妨碍名字正常功能的发挥,而且容易造成笑话,产生误会,给本人带来各种麻烦。

(5)禁用伟人、先贤之名起名。在中国,用伟人、先贤之名取名的做法很常见,这是因为有人认为用伟人、先贤之名取名,就有可能和他们一样获得成功。显然,这种做法是不够理性、客观的。例如,以唐代诗人孟浩然的名字"浩然"命名的大有人在,有"黄浩然""张浩然""李浩然"等。

3. 英语名字的宗教性与汉语名字的宗法性

英语名字体现了鲜明的宗教和神话色彩。

(1)基督教

英语中的很多名字都与宗教有关。这是因为,西方文化很大程度上可以说是基督教文化,基督教是英语民族社会生活的中心,对人们的行为和道德有着极大的约束作用。

(2)古希腊、罗马文化

古希腊、罗马文化可以看成是西方文化的另一个源泉,它对西方国家的影响涉及方方面面。因此,英语中也有很多源自希腊、罗马神话的名字。

汉语名字有着明显的宗法色彩,具有"美教化厚人伦"的作用。中国古代人名,特别是男子的名字,一般由"字辈名"和父母所起的名字构成。"字辈名"表明辈分和排行,体现出极强的宗法意识。而父母所起的名字也无不反映出极强的宗法观念和伦理精神。这种"字辈名+父母取名"的名字构成方式在如今的一些传统家庭中也极为常见。

二、英汉人名文化互译

(一)英译汉的方法

将英语人名翻译成汉语的方法主要有音译法、意译法和形译法。

1.音译法

虽然一些中西方人名有某种含义,但人名作为一种符号,这种含义已完全丧失,因此人名通常采用音译法来翻译。一般来说,音译英语人名时要按照其发音及人物性别在汉语中找到合适的汉字来对应。运用音译法翻译人名时,需要注意以下几个方面。

(1)符合标准发音

符合标准发音是指译出的音不仅要符合人名所在国语言的发音标准,还要符合汉语普通话的标准发音,以使不同的翻译工作者在对人名进行翻译时可以做到"殊途同归",从而避免不同的译名。

(2)根据性别翻译

在采用音译法翻译英语人名时,要注意选择可以进行性别显现的汉字。例如,将 Emily 译为"艾米丽",将 Edward 译为"爱德华"。

(3)译名要简短

音译名要避免太长,以简短为妙,以便于记忆。翻译时,可将英语中一些不明显的发音省略掉。例如,将 Rowland 译为"罗兰",而不是"罗兰德";将 Engels 译为"恩格斯",而不是"恩格尔斯"。

(4)译名避免使用生僻字和易引起联想的字

音译时必须采用译音所规定的汉字,不能使用那些生僻的不常使用的字和容易让人引起联想的字。例如,将 Kennedy 译为"肯尼迪",而不能译成"啃泥地"。

2.意译法

翻译英语人名时还可以采用意译法。例如,"A good Jack makes a good Jill."中的 Jack 是一个普通的男子名,而 Jill 是一个普通的女子名,所以将其翻译成"夫善则妻贤"。

3.形译法

有一些译著或媒体还经常使用形译法翻译人名。由于中西方文化融合的速度越来越快,人们身边不断出现了很多新的人名,这些人名没有约定俗成之名可以遵循,也无法采用音译法进行翻译,此时就可以运用形译翻译法。例如,计算机语言 Pascal 语言,Pascal 这一人名在计算机书本中就直接形译,而没有采用其音译名"帕斯卡"。

(二)汉译英的方法

1.音译法

音译法就是按照汉语拼音拼写方法先姓后名进行翻译。例如:
石秀一日早起五更,出外县买猪……

（施耐庵《水浒传》）

One morning, he(Shi Xiu) rose at the fifth watch and went to another county to buy hogs.

（Sidney Shapiro 译）

迎春姊妹三个告了座方上来。迎春便坐右第一,探春左第二,惜春右第二。

（曹雪芹《红楼梦》）

Then Yingchun and the two other girls asked leave to be seated，Yingchun first on the right，Tanchun second on the left，and Xichun second on the right.

（杨宪益、戴乃迭 译）

宝玉记着袭人，便回至房中，见袭人朦朦睡去。自己要睡，天气尚早。彼时秦雯、绮霞、秋纹、碧痕都寻热闹，找鸳鸯琥珀等耍戏去了，独见麝月一个人在外间房里灯下抹骨牌。

（曹雪芹《红楼梦》第二十回）

Baoyu, still worried about Xiren, went back to find her dozing. It was still early for him to go to bed, but Qingwen, Yixia, Qiuwen and Bihen had gone off to have some fun with Yuanyang and Hupo, leaving only Sheyue playing solitaire by the lamp in the outer room.

（杨宪益、戴乃迭 译）

马慕韩一听到朱延年要报告福佑药房的情况，马上预感到他又要大煞风景，在林宛之三十大庆的日子来大力募股了。

（周而复《上海的早晨》）

As soon as he heard Chu Yen-nien say this, Ma mu-han had a presentiment he was going to pour cold water on the proceedings again by vigorously solicting investments at Lin Wan-chi's thirtieth birthday party.

（A. C. Barnes 译）

2. 音译加注法

由于拼音只是音译，指称人的符号，原有的语义信息没有传递出来。如"朱德"中的"德"字，让人联想到"好品德""德高望重"等，但是拼音 Zhu De 中的 De 不可能让人有同样的联想。又如，"陈爱国"中的"爱国"的含义十分清楚，可是拼音 Chen Aiguo 中的 Aiguo 看不出有"热爱祖国"的含义。因此，对中国人名进行翻译时，有时可以用拼音，然后对汉语人名的涵义加以解释，即音译加注法进行翻译，这样才能更好地使英语读者了解汉语人名的文化内涵。例如：

班门弄斧

This is like showing off one's proficiency with the axe before

Lu Ban the master carpenter.

这里将"鲁班"翻译成了 Lu Ban the master carpenter,否则对于西方人来说是很难理解的。

我的父亲应许了;我也很高兴,因为我早听到闰土这名字,而且知道他和我仿佛年纪,闰月生的,五行缺土,所以他的父亲叫他闰土。

(鲁迅《故乡》)

When my father gave his consent I was overjoyed，because I had since heard of Runtu and knew that he was about my own age，born in the itercalary month，and when his horoscope was told it was found that of the five elements that of earth was lacking，so his father called him Runtu(Intercalary Earth).

不管人事怎么变迁,尹雪艳永远是尹雪艳。

(白先勇《台北人》)

But however the affairs of men fluctuated，Yin Hsuen-yen remained forever Yin Hsueh-yen,the "Snow Beauty" of Shanghai fame.

(白先勇、叶佩霞 译)

另一位叫董斜川,原任捷克中国公使馆军事参赞,内调回国,尚未到部,善做旧诗,是个大才子。这位褚慎明原名褚家宝,成名以后,嫌"家宝"这名字不合哲学家身份,据斯宾诺沙改名的先例,换称"慎明",取"深思明辨"的意思。

(钱钟书《围城》)

During the introductions, Hung-chien learned that hunchback was the philosopher Ch'u Shen-ming and the other was Tung Hsieh-ch'uan，a former attaché at the Chinese legation in Czechoslovakia. Transferred back to China，Tung had not yet been assigned a new post;he wrote excellent old-style poetry and was a great literary talent. Ch'u Shen-ming's original name was Ch'u Chia-pao. After attaining fame he found Chia-pao (literally,family treasure) unsuitable for a philosopher and changed it,following the precedent set by Spinoza, to Shen-ming (literally, careful and clear), taken from the expression "consider carefully and argue clearly".

（珍妮·凯利、茅国权 译）

原来这女孩正是程郑的女儿。此女原也有两个哥哥，一个姐姐，可惜都未久于人世。为了保住这条小命，程郑给她取了"顺娘"这么个名字，希望她顺顺当当长大成人。

（徐飞《凤求凰》）

Shunniang was his only surviving child, he had lost two boys and a girl born before Shunniang. It was his fervent wish that she, at least, would survive to grow adulthood.

（Paul White 译）

3. 释译法

在翻译过程中，很可能会遇到一些难以理解的表达，此时就可以采用释译法。例如：

布帘起处，走出那妇人来。原来那妇人是七月七日生的，因此小字唤做巧云，先嫁了戈吏员，是蓟州人，唤做王押司，两年前身故了。方才晚嫁得杨雄，未及一年夫妻。

（施耐庵、罗贯中《水浒传》）

The door curtain was raised and a young woman emerged. She had been born on the seventh day of the seventh month, and she was called Clever Cloud. Formerly she had been married to a petty official in Qizhou: Prefecture named Wang. After two years, he died, and she married YangXiong. They had been husband and wife for less than a year.

（Sidney Shapiro 译）

4. 直译与意译相结合法

为了保留原文姓名的文化信息，汉语人名的翻译有时还可采用直译、意译相结合的方法。例如：

方遯翁想起《荀子·非相篇》说古时大圣大贤的相貌都是奇丑，便索性跟孙子起个学名叫"非相"。方太太也不懂什么非相是相，只嫌"丑儿"这名字不好，说："小孩子相貌很好——初生的小孩子全是那样的，谁说他丑呢？你还是改个名字罢。"

（钱钟书《围城》）

Remembering that Hsun Tsu had stated in his chapter *No Face* that faces of all great saints and sages of antiquity were very ugly，Fang Tun-weng simply gave his grandson the school name of "No Face." Mrs. Fang understood nothing about any face or no face，but she didn't care for the name "Ugly Boy" and insisted，"The boy has a fine face. All new-borns are like that. Who says he's ugly?"

（珍妮·凯利、茅国权 译）

这人原先胆子小，干啥也是脚踏两只船，斗争韩老六，畏首畏尾，不敢往前探。

（周立波《暴风骤雨》）

This man Liu had formerly been a coward，a fence-sitter. In the fight against the landlord Han Number Six，he had not dared to venture out.

（Hsumengh-siung 译）

5. 威氏拼音法

威氏拼音法又称"威妥玛—翟理斯式拼音法"（Wade-Giles romanization），是中国清末到 1958 年汉语拼音方案公布之前较为通用的中文拼音方案。威氏拼音法并不常用，但是有些名字原来就是按照威妥玛式拼音方案进行翻译，已经被大家所接受，一般就沿用下来了。因此，威氏拼音法可以作为人名翻译的一种补充性的方法。例如：

金桂意谓一不做，二不休，越性发泼喊起来了。

（曹雪芹《红楼梦》）

Determined to go the whole hog, Chirt-kuei went on ranting more wildly.

大水说:"赫!看你,跟个泥菩萨似的!"双喜说:"大哥别说二哥,两个差不多!"

(袁静等《新英雄儿女传》)

"Hey," said Ta-shui, "you look just like a mud Buddha!"

"The pot shouldn't call the kettle 'black'!" Shuangxi retorted. "We are two of a kind!"

(Sidney Shapiro 译)

第二节　英汉地名文化对比与互译

地名即一个地方的名称。*Webster's Ninth New Collegiate Dictionary* 对 toponymy(地名)的解释为:"The place—names of a region or language or esp. the etymological study of them."《中国大百科全书》指出,"地名是人们在相互交流中为了识别周围的环境对于地表特定位置上的地方所赋予的名称。"由此可见,地名就是一种代表地理实体的符号。这里所说的"地理实体"一般包括地方、地点、地物(包含地上建筑物、园林等)、地域、水域等。

地名通常可以分为纯地名和准地名。所谓纯地名,指的是自然地理试题名称,如江河湖海,行政区划分、道路街道名。所谓准地名,指的是车站、机场和文化设施等具有地名意义的名称或地名(金惠康,2004)。

尽管地名属于地理学研究的范畴,但它也是最常用的社会公共信息之一,与一个国家的历史、语言、文化均有一定的联系。

本节就先对英汉地名文化进行对比,然后研究英汉地名的互译问题。

一、英汉地名文化对比

（一）基于宗教信仰的英汉地名

很多英语地名都反映了一定的宗教文化。英语中有很多与宗教文化相关的英语地名，如以 San，Santa 或 ST 开头的地名有：San Francisco（旧金山），San Ardo（圣阿杜），Santa Anna（圣安娜）等。又如，美国以"上帝"冠名的地名达 1 000 多处，以 Bethlehem（圣城，耶稣诞生地）命名的地名有 800 多处。

道教、佛教、伊斯兰教、基督教、天主教以及民间宗教等都对中国文化发展产生了重要影响。这些宗教名胜古迹的名称均是宗教文化的产物。这些古迹的名称都有各自的通名，如观、庙、寺、阁、塔、宫等。

与道教相关的历史文化古迹有：白云观（北京西便门外）、永乐宫（山西芮城内）、楼观台（陕西西安西南 76 公里的秦岭北麓）、武当山（湖北均县南）、九宫山（湖北、江西交界的幕阜山东段）、青城山（四川省灌县西南）。

与佛教相关的名胜古迹有：少林寺（嵩山）、白马寺（洛阳）、五台山（山西）、峨眉山（四川）、九华山（安徽）、普陀山（浙江）等。

佛教的著名寺院主要分布在西藏、青海、宁夏、甘肃等地。最著名的是位于拉萨市西北玛布日山上的布达拉宫，有"佛教的圣地"之意。

与伊斯兰教相关的名胜古迹有：北京西城区牛街礼拜寺、北京东四清真寺、陕西西安化觉寺、江苏扬州仙鹤寺、上海大桃园清真寺、南京净觉寺、福建泉州圣友寺等。

（二）基于地理环境的英汉地名

许多英汉地名都是基于特殊的地理环境而产生的。比如，位于美国密西西比河流最南端的红河（Red River）就是因为其河水呈红色而命名的。冰岛(Iceland)的意思是"冰的陆地",这是因为冰岛这个国家大部分的土地都被冰山所覆盖,因而取名"冰岛"。西方国家还有很多以矿藏和物产命名的地名,如盐湖城(Salt Lake City)是因附近的大盐湖(Salt Lake)而得名。在英国,地名多与所处的地理特征有关,如 Portsmouth(朴茨茅斯),Yarmouth(雅茅斯),Plymouth(普利茅斯),Cambridge(剑桥),Oxford(牛津)等,它们的词尾都可以反映出各自所在的位置。

中国的黄河、黄海的名字是源于水中含有大量的黄沙,此外还包括金沙江、清水河、流沙河、铁山、黑山等。齐齐哈尔是因为这座城市拥有天然的牧场而得名,海南岛的五指山主要因其形状像五指而得名,类似的还有狼牙山、白云山、摩天岭等。此外,字的偏旁也常常能体现当地的地理环境,山名如嵩、岭、峰、岗等,反映水纹景观的水名如津、江、河、湖、海、沙、潭、洛等。

此外,中西方还有很多地名反映地理方位和位置。比如,中国的山东、山西、河南、河北、湖南、湖北、广东、广西等。西方的南斯拉夫(Yugoslavia),指南方说斯拉夫语言的国家。又如,美国以方位命名的地名也很常见,其中以"西"开头的地名最多,如西弗吉尼亚州(West Virginia)。

(三)基于神话故事的英汉地名

英汉地名中的很多河流名称来自神话故事和传说。

在西方,Saine River(塞纳河)这一地名就来自一个古老的传说:在塞纳河源流的小溪上,有一个小洞,洞里有一尊女神雕像。她白衣素裹,半躺半卧,手里捧着一个水瓶,神色安详,嘴角流露微笑,姿态优雅,以泉水为源的塞纳河源头小溪就是从这位美丽的女神背后流出的。传说中这尊女神是于公元前 5 世纪降临人间的,名字叫塞纳,是降水大神,后来塞纳河就是源自这位女神的名字。

在中国,很多山川河流也都与神话故事有关。例如,珠穆朗玛峰就与一个古老的传说有关。传说中,这座山是后妃女神变成的,珠穆朗玛系藏语"久穆拉面"的转音,意思是后妃天女。

(四)基于移民情况的英汉地名

在中西方历史发展进程中,移民都是较为常见的事情。由于各种原因,人们常常要迁移到新的地方居住,为了表示对故乡的思念之情,移民通常要用自己故乡的地名来给新的居住地命名。

美国是一个移民国家,英国、法国、西班牙等国是其早期的移民来源地。所以,很多的美国地名都是以移民地名称命名的。例如,美国的 New England(新英格兰)第一批英国移民乘坐"五月花"号船为此地取的名称,New York(纽约)源于英国东北部约克镇,New Orleans(新奥尔良)则是源于法国北部的奥尔良市。又如,New Jersey(新泽西),New Berlin(新柏林),New Plymouth(新普利茅斯)等。此外,在西方各大都市的 Chinatown(唐人街)也是一个很典型的例子。

中国历史上也出现过很多次移民。例如,北京的一些地名都来自山西的县名,当时明朝为了充实京城,从山西向北京有移民的计划。这些地名包括大兴区东南凤河两岸的地名有:霍州营、长子营、河津营等;在顺义西北有红铜营、东降州营、西降州营、夏县营等。

(五)基于社会心态的英汉地名

郭锦桴(2004)指出,一个民族的社会心态不仅有伦理观念而且还有社会价值观、社会共同心理,甚至有宗教信仰精神。[1] 地名文化除了与以上几种因素有关,还与社会心态有密切的联系。具体而言,地名可以反映求福寿昌盛、敬仰历史人物等社会心态。

1. 求福寿昌盛的社会心态

西方不少地名都能反映广大人民追求和平与昌盛的社会心

---

[1]　卢红梅.华夏文化与汉英翻译[M].武汉:武汉大学出版社,2006:111.

态。例如,太平洋(Pacific Ocean),意思是和平之洋。又如,位于非洲的好望角(Cape of Good Hope)的名字的由来是因为这里常年因强劲的西风急流掀起惊涛骇浪,航行到此处的船舶往往会因这种"杀人浪"而遇难,而被认为是世界上最危险的航海地段,人们希望这个海角可以为人们带来好运,就将原名"风暴角"改为"好望角"。

同样,中国的很多地名也能体现出中华民族传统的社会心理、传统价值观念、伦理道德精神等人们所共有的社会心态,这种社会心态是传统文化的一种反映。反映了人们求幸福、求长寿、求昌盛的社会心态的地名有万寿山、万寿城,(东莞)长安镇、(江西)吉安县、吉安路、吉祥村,昌平县、昌水河,福建省、福州市、福寿山等。这些地名反映出人们对美好富裕生活的一种向往,对幸福长寿生活、富强昌盛社会的一种追求。此外,还有一些地名反映了人们对社会太平安宁的期盼。例如,太平山、太平桥、太平寺,永宁河、永宁镇,永安市、永安县,永和县、永和镇、(广东雷州市的)北和镇,安定门、东安市场等。

2.敬仰历史人物的社会心态

在西方,一些地方还会以某人的姓名命名,目的是纪念某位历史人物。例如,西方的 Bering Sea(白令海),Bering Strait(白令峡)都是以丹麦航海家维图斯·白令(Vitus Bering)的名字命名的。又如,美国的首府华盛顿哥伦比亚特区(Washington D. C.)和西北部的华盛顿州都是为了纪念美国总统华盛顿(George Washington)而命名的。再如,美洲国家地名用著名航海家哥伦布(Columbus)的名字命名的也有很多,如美国南卡莱那州(South Carolina)首府哥伦比亚(Columbia)、西北部的哥伦比亚河(the Columbus River)、佐治亚州(Georgia State)的哥伦布城(Columbus City)等。还有一个比较典型的是 19 世纪英国女王维多利亚(Victoria),她在位期间英国在全世界范围内展开殖民掠夺,所以后来出现了很多以维多利亚命名的地名,如北美的维多利亚湖、

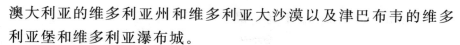

澳大利亚的维多利亚州和维多利亚大沙漠以及津巴布韦的维多利亚堡和维多利亚瀑布城。

在中国,反映人们对历史人物崇敬、敬仰的社会心态的地名也有很多。这些地名以著名的历史人物的名字或别名命名。例如,夫子山(河南省永城市芒山镇芒砀山主峰西南的一小山),卧龙岗(河南省南阳市),关帝鹿(河南周口市),韩江、韩山(广东潮州),中山市(广东),太白山(陕西),黄盖桥(湖北),子龙滩(湖北),黄浦江、木兰溪等。

二、英汉地名文化互译

(一)英译汉的方法

通常情况下,英语地名的翻译遵循"音译为主,意译为辅,兼顾习惯译名"的原则。下面就具体介绍几种英语地名的翻译方法。

1.直译法

运用直译法翻译的地名包括:英语地名中的通名部分;数字或日期命名的地名;表示方向、大小等修饰地名专名的形容词等。例如:

Big Canyon River 大峡谷河

East Chicago 东芝加哥

Great Sandy Deserts 大沙沙漠

Hot Spring County 温泉县

Long Island City 长岛城

Little Salt Lake 小盐湖

New Baltimore 新巴尔的摩

Sixty mile River 六十英里河

Three Lakes 三湖村

Thousand Islands 千岛群岛

2.意译法

要想表现地名的文化内涵,意译可以说是最佳的翻译方法。通常意译多适用于以下几种情况。

(1)英语地名中的通名通常意译。例如:

Fall City(Wash.) 福尔城(华盛顿)

Horseshoe Reservoir(Ariz.) 霍斯舒水库(亚利桑那)

City Island(N. Y.) 锡蒂岛(纽约)

Goodhope River(Alaska) 古德霍普河(阿拉斯加)

(2)以人名命名的地名中的衔称需意译。例如:

King George County(Va.) 乔治王县(弗吉尼亚)

Prince of Wales Island(Alaska) 威尔士王子岛(阿拉斯加)

(3)以数字、日期命名的地名需意译。例如:

Ten Thousand Smokes,Valley of(Alaska) 万烟谷(阿拉斯加)

Four Peaks(Ariz.) 四峰山(亚利桑那)

(4)地名中修饰专名的新旧、方向、大小的形容词需意译。例如:

Old Woman River(Alaska) 老妇河(阿拉斯加)

North Anna River(Aa.) 北安娜河(弗吉尼亚)

Great Smoky Mountains(N. C.—Tenn.) 大雾山(北卡罗来纳田纳西)

需要指出的是,地名中修饰通名的形容词需要音译。例如:

New Lake(N. C.) 纽湖(北卡罗来纳)

West(Miss.) 韦斯特(密西西比)

3.音译法

通常英语地名中的专名部分都要采用音译法进行翻译。例如:

Ball(La.) 鲍尔(路易斯安那)

Branch(Miss.) 布兰奇(密西西比)

Bellflower(Mont.) 贝尔弗劳尔(蒙大拿)

Covada(Wash.) 科瓦达(华盛顿)

Goodnight(Tex.) 古德奈特(得克萨斯)

Tendal(La.) 滕达尔(路易斯安那)

4. 惯译法

英语中以人名、宗教名、民族名命名的地名常采用习惯译名。
例如：

Cambridge 剑桥

Bombay 孟买

Brazil 巴西

Burma 缅甸

San Luis Canal 圣路易斯运河

Indiana(State) 印第安纳(州)

John F. Kennedy Space Center 约翰·肯尼迪航天中心

Bangladesh 孟加拉

White Harbor 怀特港

Philadelphia 费城

Oxford 牛津

(一)汉译英的方法

1. 音意结合法

在翻译地名的专名部分时要用音译,而对通名部分则需要意
译。例如：

北京市 Beijing Municipality

陕西省 Shanxi Province

金门县 Jinmen County

台湾岛 Taiwan Island

黑龙江 Heilong River

再来看下面例句：

就像罗马人一样，从四川盆地到台湾海峡，人们发现无法抗拒中国在文化、政治和军事上的综合力量。

As with the Romans，peoples from the Sichuan basin to the Taiwan Strait found they could not resist the Chinese cultural，political，and military package.

这人是清河县人氏，姓武，名松，排行第二，今在此间一年矣。

（施耐庵《水浒传》）

He is called Wu Song. He's from Qinghe County，and is the second son in his family. He's been here a year.

（Sidney Shapiro 译）

西门庆道："'但得一片橘皮吃，莫便忘了洞庭湖！'这条计几时可行？"

（施耐庵《水浒传》）

"'Can one forget Dongting Lake while eating its fragrant tangerine peel? 'When do we start?"

（Sidney Shapiro 译）

2. 意译法

有些汉语地名蕴含着丰富的文化内涵，有的可以体现出该地名的地域特征意义，有的则表达了人们对地域的美好期待等。在翻译这种汉语地名时，除了音译法外，还可采用意译法，以译出地名所蕴含的文化内涵，从而达到语言交际的功能。例如：

黄河 Yellow River

香港 Hongkong

朱雀桥边野草花，乌衣巷口夕阳斜。

（刘禹锡《乌衣巷》）

Wild grasses and flowers sprawl beside Red Sparrow Bridge. The setting sun is just declining off the Black-Robe Lane.

好清静的人们也有了去处,积水滩前,万寿寺外,东郊的窑坑,西郊的白石桥,都可以垂钓,小鱼时时碰得嫩苇微微的动。钓完鱼,野菜馆里的猪头肉,卤煮豆腐,白干酒与盐水豆儿,也能使人醉饱。

（老舍《骆驼样子》）

People who liked things quiet also had places to go. There was pleasant fishing to be had at the Jishui Pond, outside the Longevity Temple, in the pools left by the old kilns in the eastern suburb or under the White Stone Bridge in the western one. Here small fishes swam around the reeds, making them sway gently. Fishing done, a meal in a wayside teahouse of boiled pig's ears, stewed beancurd, salted beans and strong liquor was filling and satisfying.

（施小菁 译）

相如见到东面一座大宅院墙上写着"聚仁巷"三字,扭头对后面的狗驮子说:"快去通报,说司马相如到了!"

（徐飞《凤求凰》）

Xiangru saw the words Gathering Benevolence Lane carved on the wall surrounding a large walled mansion. He turned to Puppy Carrier, and said, "Quick, go over to the gate of that house and tell them that Sima Xiangru has arrived!"

（Paul White 译）

需要说明的是,地名不可随便意译,尤其是一些描述性地名更加不可胡乱意译。例如:

"富县"应译作 Fuxian County,而不能译成 Rich County。

"东风港"应译作 Dongfeng Bay,而不应译成 East Wind Bay。

"黑山"应译作 Heishan Mountain,而不应译成 Black Mountain。

3.音译重复意译法

音译重复意译是指地名中的专名和通名都是单音节词,译时

可先将通名音译,然后再将其意译,分开书写。例如:

长江是中国最长的河流。

The Changjiang River is the longest river in China.

当你站在黄山之顶,你会发现周围的山峰云雾缭绕,无限风光,真有会当凌绝顶,一览众山小的感觉。

When you stand on the top of the Huangshan Mountain, you will find yourself filled with passion and ambitions. You will find the world below suddenly belittled.

4. 增译法

有些地名蕴含了丰富的物质和历史文化信息,如果直接音译则会丢失地名中所包含的文化内涵,此时可以采用增译法进行翻译。通常,地名的增译有以下两种情况。

(1)在地名后增加非限定性定语从句,注解该地的特点。例如:

青岛因啤酒而远近闻名,可译为 Qingdao City,which is famous for its beer。

山西省盛产煤矿,可译为 Shanxi Province,which is rich in coal。

(2)用同位结构增译地名的雅称,前置或括注均可。例如:

日光城——拉萨市 the Sun City,Lasha

古城西安 Ancient City—Xi'an

葡萄之乡——吐鲁番 The Grape Land—Tulufan

山城重庆 a mountain city,Chongqing

5. 考虑政治因素

政治因素也是翻译汉语地名时应注意的问题。译者只有具有一定的政治意识,坚持爱国主义的思想,才会在翻译过程中避免损害国家利益、避免国际冲突。例如:

和平统一不是大陆把台湾吃掉,当然也不是台湾把大陆吃掉。

Peaceful unification does not mean that the mainland is to eat off Taiwan, still less that Taiwan will eat off the mainland.

(*Beijing Review*)

台湾问题始终都是一个极其敏感的话题,译者措辞稍有不慎就会导致麻烦。因此,译文按原文句式译出,虽略显松散,汉语痕迹明显,但却能保留原文语气,不会篡改说话人的意义,也不会让听众产生歧义或误解。①

另外,有些外国人士经常会有意无意地将台湾说成 Republic of China,当遇到这种情况时,译者应该将其译为"中国台湾",而不是直译为"中华民国"。汉语句子中有"台湾"时,不管原文有无特别说明,译文都要注意采纳"Taiwan, China; Chinese Taipei; Taiwan Province of China"。在与其他专有名词列举之后或数个地理名称并列时,译文要注意表述完整。②

① 贾文波. 应用翻译功能论[M]. 北京:中国对外翻译出版公司,2004:67.
② 卞正东. 翻译中的政治意识与失误分析[J]. 疯狂英语,2008,(2):121.

第九章

英汉习俗文化对比与互译

英汉两种语言在习俗文化方面也存在着诸多差异,对这两种语言中的习俗文化进行深入对比和分析也有利于深化不同语言文化间人们之间的理解和交流。本章就结合英汉称谓、节日和饮食这几个方面对英汉习俗文化及其互译进行探讨。

第一节　英汉称谓文化对比与互译

一、英汉称谓文化对比

(一)英汉亲属称谓文化对比

1. 称谓系统差异

在称谓系统方面,英汉有着明显的不同。通常,英语亲属称谓较为简单、笼统,而汉语亲属称谓系统则较为详细、复杂。就类型而言,英语亲属称谓系统属于类分式(classificatory),汉语亲属称谓系统属于叙述式(descriptive)。

英语亲属称谓系统简单而粗疏,所以属于分类式称谓系统。

分类式称谓系统是以辈分来对家庭成员进行分类,其血缘关系可以用表 9-1 表示。

表 9-1　以辈分对家庭成员的分类

父母辈	兄弟姐妹辈	子女辈	祖父母辈	孙儿孙女辈
父亲、母亲以及他们的兄弟姐妹、堂表兄弟姐妹	自己以及自己的亲、堂、表兄弟姐妹	自己的儿女以及他们的堂、表兄弟姐妹	自己的祖父母以及他们的兄弟姐妹以及堂表兄弟姐妹	自己的孙子、孙女以及他们的堂、表兄弟姐妹

由上表可知,父母、兄弟姐妹、子女、祖父母、孙儿孙女辈都有具体的称谓,其他亲属就没有较为精确的称谓。例如,在父母辈中,父称用 father,母称用 mother,而对父母的兄弟姐妹的子女则统一用 cousin。另外,英语亲属称谓的同辈之间一般没有长幼之分,如 brother,既可以表示"哥哥"又能表示"弟弟";uncle 既可以指"伯伯"又能指"叔叔"等。可见,英语亲属称谓系统不会标明亲属是父系还是母系,也不区分是父系还是母系,而是仅用辈分来区分亲缘关系。所以英语中只有 13 个亲属称谓名词及一些少量的修饰词(如 great,grand,step,half,first,second,in-law 等)可以使用。

汉语亲属称谓详细而具体,属于叙述式(descriptive)系统。汉语叙述式称谓制度的结构系统是以几千年来传承的"九族五服制"为基础的,既包括由血缘关系产生的亲属系统,也包括由婚姻关系产生的姻亲配偶系统。因此,汉语中的亲属称谓不仅详细,而且复杂,严格区分了直系亲属和旁系亲属、父系亲属和母系亲属,同时还标明了长幼尊卑。

2.长幼辈分差异

对于英语称谓中的长幼辈分而言,其通常都非常简单。英语亲属称谓语仅有表示祖孙三代的词语与汉语的相对应,即 grandfather,grandmother,father,mother,son,daughter,grandson, granddaughter。而在表达曾祖、高祖，或曾孙、玄孙等称谓时，就要用形容词 great 或将 great 与 grand 重叠使用，如 great-grand-father（曾祖）。一般来说，英语中亲属称谓的长幼之分都很模糊，不采用汉语中的数字排行称谓。

相比较而言，中国的亲属称谓是非常精确的，会因辈分的不同而有所不同。就目前来说，中国现代亲属称谓中的 23 个核心称谓是：父、母、夫、妻、子、女、兄、弟、姐、妹、嫂、媳、祖、孙、伯、叔、姑、舅、姨、侄、甥、岳、婿，并且它们都是分辈分的。另外，中国人长辈与晚辈之间的称呼也是有讲究的：长辈能直呼晚辈的名字，而晚辈就不可以直呼长辈的名字。

此外，即便属于同辈的亲属，彼此之间的称谓也会因长幼之分而不同。例如，古代妻子称丈夫的哥哥为"兄公"或"公"，称丈夫的弟弟为"叔"，称丈夫的姐姐为"女公"，称丈夫的妹妹为"女叔"。在现代，孩子在称呼父亲的哥哥时要用"伯"，称父亲的弟弟则要用"叔"。对于兄弟姐妹、兄嫂弟媳之间的称呼，就需要借助数字来表示排行，如大哥、二弟、三姐、四妹、大嫂等。

3. 宗族观念差异

英汉称谓还会体现一定的宗族观念，具体表现为：英语称谓中的宗族观念较弱，而汉语称谓中的宗族观念较重。

西方人追求个性自由，倡导个人主义，所以他们的宗族观念不太明显。这一特点在英语亲属称谓体现得尤为明显。前面提到，英语中的 uncle，aunt，cousin 不能表示长幼顺序，这种模糊的表达说明西方人对宗族关系看得没有中国人那么重。

汉语中有很强的宗族观念，并且这种观念常与姓氏相联系。例如，伯叔与姑母属于父系亲属，舅舅与姨母则属于母系亲属，所以伯叔的子女则冠以"堂"，表示其同称谓者"我"属同一宗族，且姓氏相同；而姑母的子女和舅舅与姨母子女则冠以"表"，表示其同称谓者"我"姓氏不同，不同属一个宗族。可见，汉语亲属称谓可明显体现出称谓者与被称谓者之间的关系。而英语中的 un-

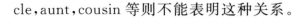

cle，aunt，cousin 等则不能表明这种关系。

4.血亲姻亲差异

英汉称谓对血亲姻亲关系的反映程度有所不同。英语称谓文化在血缘和婚姻亲属称谓之间并没有非常显著的区别，如英语中父亲的兄弟、母亲的兄弟在英语中均可用 uncle 一词来表示。

由于汉语文化身受封建社会的影响，所以中国人民一直非常注重血缘亲属关系。例如：

叔叔（血缘亲属称谓）

哥哥（血缘亲属称谓）

妹妹（血缘亲属称谓）

姑父（姻缘亲属称谓）

姐夫（姻缘亲属称谓）

弟媳（姻缘亲属称谓）

5.尊称方式不同

西方人向来追求自由和平等，所以西方家庭的亲属关系都是地位平等的，并且相互之间的交流也非常随意。因此，英语中的亲属称谓常和姓氏连在一起，如 Uncle Mike（迈克舅舅），Aunt Anny（安妮婶婶）等。

相反，中国人一直推崇尊重长辈的传统美德，体现在亲属称谓中，就是中国人常使用尊称来表示敬意。例如，中国人称呼具有亲属关系的长辈时使用尊称，当称呼不具有亲属关系的长辈时则采用亲属称谓语来尊称，如李叔叔、张伯伯等。

(二)英汉社交称谓文化对比

对英汉社交称谓的对比可以从如下几个方面着手。

1.英汉普通称谓差异

所谓普通称谓，是指那些不分年龄、职业、身份，在社会交往中使用频率很高但数量不多的通称。

在英语中,常见的普通称谓有 Mr.,Mrs.,Miss,Ms.,Sir, Madam 和 Lady。

Mr. 可以与姓氏或姓名连用。Mr. 是对无职称者或不了解其职称者的称呼,语气正式,表现出的人际关系不是很密切。

Mrs. 是对已婚妇女的称谓,通常要与其丈夫的姓氏或婚礼后的姓名连用。

Miss. 是对未婚女子的称谓语,它要与姓氏连用,语气正式,表现出的社会关系一般。

Ms. 是一个对女性的敬称词,由 Mrs. 和 Miss. 两个词合成而来。Ms. 的产生与西方女性不喜欢公开婚姻状况有很大的关系。因此,对于婚姻状况不明的女性我们可以用 Ms.。

Sir(先生、阁下)和 Madam(夫人、女士、太太、小姐)是一组对应的敬称语,通常泛指男性、女性的社会人士,一般不与姓氏连用,且较为正式,表达的人际关系不亲密。

Lady 也是一个对女性使用的称谓语,较为文雅,意为"贵妇""淑女"。

汉语中常见的社交称谓有如下几种。

阿姨:这是对母辈女性的称谓。

先生、太太、女士:在其前面加上"姓氏",可直接对其称谓。

大爷、伯伯、大叔、大妈等:这是一种泛亲属称谓,是经亲属称谓语转换而来。

2. 英汉头衔称谓差异

英汉语中都有将头衔作为职业、职务和职称等称谓的现象。

英语中的头衔称谓适用范围有限,仅限于教授、医生、博士以及一些皇室、政界、军事界、宗教界,目的是表达对这些人的尊敬。这些称谓不仅可以单独使用,还可以与姓氏连在一起使用。例如,Doctor Davis,Dr. Smith,Professor White,President Bush, Father Bright 等。

与英语相比,汉语中的头衔称谓更加复杂。在汉语中,大部分的职业、职务和职称等,无论大小或显赫程度,都可作为称谓语单独使用或与姓名一起使用,如省长、市长、赵主任、孙会计、周教授、护士、教练等。在汉语中,用头衔称谓来明确显示有着或大或小头衔的人是对对方的尊重,否则就有不敬之意。

3.英汉拟亲属称谓差异

拟亲属称谓是亲属称谓语的变体,经亲属称谓语泛化而成。[①]拟亲属称谓的目的是为了表达对对方的尊敬之情。

在英语中,很少采用拟亲属称谓。

相反,拟亲属称谓方式在中国就很常见。在汉语中,经常看到有人称呼与自己父母年龄相当或比自己父母年龄大的人为大爷、奶奶、大伯、大妈或大娘、伯母或叔叔、阿姨等。这些称谓通常会由一些核心词构成,如爷、奶奶、伯、妈、娘、母、叔、婶、姨等。其中,"爷"用于敬称祖父辈且年纪与祖父相当的男性,如大爷、李大爷、张爷爷。"奶奶"用于敬称祖母辈且年纪与祖母相当的已婚女性,如奶奶、老奶奶、刘奶奶。"伯"用于敬称父亲辈且年纪比父亲大的男性,如伯伯、王伯伯。"娘"用于敬称母亲辈且年纪与母亲相当的已婚女性,如大娘、赵大娘。"伯母"用于敬称母亲辈且年纪与母亲相当的已婚女性。"叔"用于敬称父亲辈且年纪比父亲小的男性,如叔叔、李叔叔。"婶"用于敬称母亲辈且年纪比母亲小的已婚女性,如大婶(儿)、李婶(儿)。

此外,对同辈人之间也有拟兄弟姐妹的称呼。例如,对非亲属关系的同辈成年男子可称"大哥""老兄""兄弟""老弟",对非亲属关系的同辈成年女子可称"大嫂""大姐""小妹"。

近年来,都市男女青年中还流行"哥儿们""姐儿们"的称呼,语言活泼,显示出双方密切的关系。但在翻译这些称呼时要格外小心。例如,将"这是我姐儿们"翻译成"This is my sister."就很

---

① 卢红梅.华夏文化与英汉翻译[M].武汉:武汉大学出版社,2006:46.

不妥,因为这样英美人会误以为两人是亲姐妹关系。对此,正确的翻译方法应该是"This is my close friend."。

二、英汉称谓的互译

(一)亲属称谓文化翻译

1.祖父母辈称谓翻译

在翻译英汉祖父母辈的称呼时,可以直接进行翻译。祖父母辈英汉对照表如表9-2所示。

表 9-2　祖父母辈英汉对照表

汉语称谓		英语称谓		英语注释	
父系	祖父(母)	grandfather grandmother		paternal grandfather(mother)	
母系	外祖父(母)			maternal grandfather(mother)	
父系	伯祖父(母)	granduncle grand aunt	paternal granduncle (aunt)	grandfather's brother	older brother
					younger brother
	叔祖父(母)			grandfather's sister husband of grandfather's sister	
	姑公(婆)				
母系	舅公(婆)		maternal granduncle (aunt)	grandmother's brother wife of grandmother's brother	
	姨公(婆)			grandmother's sister husband of grandfather's sister	

(资料来源:白靖宇,2010)

请看下面译例：

Where did you live with your **grandfather**?

你以前和你的**外公**住在哪里呢？

黛玉方进入房时，只见两个人搀着一位鬓发如银的老母迎上来，黛玉便知是她**外祖母**。

（《红楼梦》第三回）

As Tai-yu entered，a silver-haired old lady supported by two maids advanced to her. She knew that this must be her **grand-mother.**

（杨宪益 译）

2. 父母辈称谓翻译

对于英汉父母辈称谓，也可以直接进行翻译。父母辈英汉对照表如表 9-3 所示。

表 9-3 父母辈英汉对照表

汉语称谓	英语称谓	英语释义		
父亲	father			
母亲	mother			
伯父	uncle	paternal uncle	father's brother	older brother
叔叔				younger brother
姑父			father's sister and her husband	
舅舅		maternal uncle	mother's brother	
姨夫			husband of mother's sister	
伯母	aunt	wife of father's elder brother		
叔母		wife of father's younger brother		
姑妈		father's married sister		
舅妈		wife of mother's younger brother		
姨妈		mother's married sister		

（资料来源：冒国安，2004）

请看下面译例：

She knows his uncle through this experience.

她从这次经历中了解他的叔叔。

当下贾母一一指与黛玉："这是你大舅母；这是你二舅母……"

（《红楼梦》第三回）

"This", she said, "is your elder uncle's wife. This is your second uncle's wife…"

3.兄弟辈称谓翻译

对英汉兄弟辈的称谓也可以进行直译。兄弟辈英汉对照如表 9-4 所示。

表 9-4　兄弟辈英汉对照表

汉语称谓	英语称谓	英语注释
兄	brother	elder brother
弟		younger brother
姐	sister	elder sister
妹		younger sister
堂兄	cousin	elder brother on one's paternal side
堂弟		younger brother on one's paternal side
堂姐		elder sister on one's paternal side
堂妹		younger sister on one's paternal side
表兄		elder brother on one's maternal side
表弟		younger brother on one's maternal side
表姐		elder sister on one's maternal side
表妹		younger sister on one's maternal side

（资料来源：冒国安，2004）

请看下面译例：

His cousin is preparing for the TOEFL examination.

他的堂兄正在准备托福考试。

黛玉虽不识,也曾听见母亲说过,大舅贾赦之子贾琏,娶的就是二舅母王氏之内侄女,自幼假充男儿教养的,学名王熙凤。黛玉忙陪笑见礼,以"嫂"呼之。

(《红楼梦》第三回)

Though Tai-yu had never met her, she knew from her mother that Chia Lien, the son of her first uncle Chia Sheh, had married the niece of the Lady Wang, her second uncle's wife. She had been educated like a boy and given the school-room name Hsi-feng. Tai-yu lost no time in greeting her with a smile as **"cousin"**.

(杨宪益　译)

4.子女辈称谓翻译

同样,翻译英汉子女辈称谓时,也可以采用直译法。子女辈英汉对照如表 9-5 所示。

表 9-5　子女辈英汉对照表

汉语称谓	英语称谓	英语释义
儿子	son	
女儿	daughter	
儿媳	daughter-in-law	son's wife
女婿	son-in-law	daughter's husband
侄子	nephew	brother's son
侄女	niece	brother's daughter
外甥	nephew	sister's son
外甥女	niece	sister's daughter

(资料来源:白靖宇,2010)

请看下面译例:

My nephew is a naughty boy.

我侄子是一个淘气的孩子。

211

　　一日到了都中,进入神京,雨村先整了衣冠,带了小童,拿着宗侄的名帖,至荣府的门前投了。彼时贾政已看了妹丈之书,即忙请入相会。

(曹雪芹《红楼梦》)

　　In due course they reached the capital and entered the city. Yut-sun spruced himself up and went with his paces to the gate of Jung Mansion, where he handed in his visiting-card on which he had styled himself Chia Cheng's "nephew".

(杨宪益 译)

5. 孙子孙女辈称谓翻译

　　英汉语言中关于孙子孙女辈称谓也能采用直译的方法进行翻译。孙子孙女辈英汉对照如表 9-6 所示。

表 9-6　孙子孙女辈英汉对照表

汉语称谓	英语称谓	英语注释
孙儿	grandson	
孙女	granddaughter	
外孙		daughter's son
外孙女		daughter's daughter
(外)孙婿	grandson-in-law	granddaughter's husband
(外)孙媳	granddaughter-in-law	grandson's wife
侄孙	grandnephew	son of nephew and niece
甥孙		
侄孙女	grandniece	daughter of nephew and niece
甥孙女		

(资料来源:白靖宇,2010)

　　请看下面译例:

　　逢年过节,孙子、外孙、孙女儿、外孙女儿们都来看望她,好不热闹!

During festivals, grandsons and granddaughters comes to see her. How lively it is!

(二)社交称谓文化翻译

1. 对等翻译

翻译英汉社交称谓时最常用的方法就是对等翻译。例如：

It was on a foggy day in the autumn of 1938, when I arrived in London with **Aunt Huang** and her husband who had brought me to England all the way from my hometown Nanchang.

1938年初秋,一个薄雾弥漫的日子,我和**黄阿姨**以及她的丈夫来到了伦敦,是他们把我从老家南昌千里迢迢带到英国来的。

方博士是我世侄,我自小看他长大,知道他爱说笑话,今天天气很热,所以他有意讲些幽默的话。

(钱钟书《围城》)

Dr. Fang is the son of an old friend of mine. I watched him grow up and I know how much he enjoys telling jokes. It is very hot today, so he has intentionally made his lecture humorous.

(珍妮·凯利、茅国权 译)

2. 改写翻译

有时,英汉社交称谓可能不是对应的或不对等的,所以译者就要进行一定的改写,以便可以让更多的目的语读者理解和接受。例如：

刘东方的妹妹是汪处厚的拜门学生,也不时到师**母家**来谈谈。

(钱钟书《围城》)

Liu Tung-fang's sister, a former students of Wang Ch'u-hou, also dropped in sometimes to see her, calling her **"Teacher's wife."**

(珍妮·凯利、茅国权 译)

原文中的"母家"在英语中没有与之对应的词语,所以译者根据上下文的内容得出"母家"是指师母,也就是老师的妻子,故最终将其译为 Teacher's wife。这样不仅清楚地传达了原文的含义,还贴切地体现出了师母与学生之间的关系。

第二节　英汉节日文化对比与互译

一、英汉节日文化对比

中西方的节日文化有着较大差异,这里主要从节日起源、节日活动以及重要节日三个角度对它们进行比较研究。

(一)节日起源对比

首先,中西方节日的起源就存在着一定的差异,西方节日以宗教为主,中国节日以时令为主,具体表述如下。

1.西方节日以宗教为主

尽管西方节日与节气有一定关系,但其更多地具有浓厚的宗教色彩。例如,1 月的主显节,2 月的圣瓦伦丁节(也称"情人节"),4 月的复活节,5 月的耶稣升天节,8 月的圣母升天节,9 月的圣母圣诞节,11 月的万圣节,12 月的圣诞节等,[①]这些节日都与一些宗教传说有关。

西方的一些宗教节日是经过世俗的一系列活动逐渐形成的。例如,"感恩节"(Thanksgiving Day)最初是清教徒移民北美大陆后庆祝丰收的日子,之后感恩节被华盛顿、林肯等规定为"感谢上

① 汪德华.中国与英美国家习俗文化比较[M].杭州:浙江大学出版社,2011:244.

帝恩惠"的节日,所以"感恩节"具有浓厚的宗教色彩。

2.中国节日以时令为主

中国节日多与时令节气有关。宋朝的陈元靓在《岁时广记》中对一年中节日的记载:一年中的节日有元旦、立春、人日、上元、正月晦、中和节、二社日、寒食、清明、上巳、佛日、端午、朝节、三伏、立秋、七夕、中元、中秋、重九、小春、下元、冬至、腊日、交年节、岁除等,[①]其中多数节日都为时令性节日。我国之所以有很多时令性节日,与我们的农业文明是分不开的。

另外,中国人比较看重世俗,而忽视宗教。节日期间,人们会参拜各路神仙,以求得平安幸福。中国人会参拜观音菩萨、玉皇大帝,还参拜门神、灶神等,这种"泛神"思想使得浓厚的宗教节日气息荡然无存。例如,十二月初八被佛教徒奉为"成道节",这一节日为了纪念释迦牟尼佛成道。事实上,成道节最初是为了宣扬佛教教义的,但其传入中国后,却逐渐被世俗化。在中国,每年农历腊月初八,人们将米类和各种果品掺杂在一起熬成粥,即我们所说的"腊八粥",预示着新年即将来临。

(二)节日活动对比

中西方在庆祝节日时也会组织不同的活动,西方节日活动注重交往,中国节日活动注重饮食,下面对其展开具体地对比介绍。

1.西方节日活动注重交际

西方人在庆祝节日时会制作一些美食,如感恩节的南瓜饼(pumpkin pie)、圣诞节的火鸡(turkey)等。但是,其美食的种类与中国相比还是少很多的,而且食物本身及其名称上也没有特别的含义,如南瓜是北美地区一种极为常见的植物,而美国人吃火鸡也只是因为当时北美是火鸡的栖息地。当然也有例外的情况,

---

① 汪德华.中国与英美国家习俗文化比较[M].杭州:浙江大学出版社,2011:243.

如在复活节中,由于兔子和彩蛋是复活节最典型的象征,所以在复活节时美国所有的糖果店都会出售用巧克力制成的复活节小兔和彩蛋。

与中国节日活动相比,西方的节日活动更注重交往和欢乐。例如,英国北部、苏格兰等地的人们在庆祝复活节时,会参加玩滚彩蛋比赛。人们将煮好的彩色的鸡蛋做上记号并从斜坡上滚下,谁的蛋先破,就被别人吃掉,谁就认输。彩蛋完好无损就胜利,并象征着有好运。在参与节日活动中,重要的是人们在这过程中收获了快乐,而不是比赛的胜负。

2. 中国节日活动注重饮食

中国人在庆祝节日时通常以饮食为中心,多以家庭为单位开展。中国自古就有"每逢佳节倍思亲"之说,就是在逢年过节之时有回家团圆的传统。在中国的春节、元宵和中秋等传统的节日中,为了表达人们期盼家人团圆之意,人们所吃的食物中多是圆形的,如春节的汤圆、元宵节的元宵、中秋的月饼。逢年过节,特别是春节,人们即便是在千里迢迢之外也要回家与家人团聚。一般情况下,春节拜年多在家族中进行。即使是一些集体娱乐性的节日,如元宵节、端午节,人们也习惯同家人一起观赏、参加一些节日活动,很少独自前往,具有中国传统以"家"为中心的群体组织文化特色。

中国传统节日中的饮食往往具有丰富的寓意和内涵。通过饮食,人们想传达一种祝福、祈愿,以及对自然的认识和对天地万物的感激。例如,冬至节人们有吃馄饨的习俗,因为该时节正是阴阳交替、阳气发生之时,暗喻祖先开混沌而创天地之意,表达对祖先的缅怀与感激之情。

(三)重要节日对比

无论是西方还是中国,都有很多传统节日。这里对其中几个重要节日习俗进行对比,包括西方的圣诞节与中国的春节对比,西方的万圣节与中国的清明节对比,西方的愚人节与中国的中秋节对比。

1. 圣诞节(Christmas)与春节

圣诞节和春节分别是西方和中国的两个重要节日,它们的共同之处是都突显了家庭大团圆而营造的欢乐、祥和的氛围。西方传统的圣诞节则具有浓厚的宗教色彩。而中国人的春节通常会伴随着各种节日活动,举家同庆新年的快乐。下面分别论述西方圣诞节和中国春节的节日习俗。

(1)圣诞节

对西方人而言,圣诞节是一年中最重要的节日。在美国,很多人从平安夜(Christmas Eve)开始就筹备整个节日,直到1月6日的"主显节"(Epiphany),这段时间称为"圣诞节节期"(Christmas Tide)。在英国,按照当地的习俗,圣诞节后会连续欢宴十二日,这段时间统称为"圣诞季节"(Yuletide)。人们在这期间一般不劳动,直到1月7日的圣帕特里克节(St. Distaff's Day),才开始从娱乐的节日气氛中走出来。西方很多国家都特别注重这个节日,并把它和新年连在一起,而庆祝活动的热闹与隆重程度大大超过了新年,成为一个全民的节日。与中国人过春节一样,西方人在庆祝圣诞节时也注重家人的团圆,人们围坐在圣诞树下,全家共享节日美餐,吃火鸡,并齐唱圣诞歌,祈求幸福。

(2)春节

春节是辞旧迎新之际。一些春节的习俗活动一进入腊月就开始了,有民谣可反映春节期间的准备和忙碌:"腊月二十一,不许穿脏衣;腊月二十三,脏土往外搬;腊月二十五,扫房掸尘土;腊月二十七,里外全都洗;腊月二十八,家具擦一擦;腊月二十九,杂物全没有。"从腊月二十三的祭灶"过小年"开始,家家户户开始打扫房屋庭院,并谓之曰"扫尘"。因"尘"与"陈"谐音,新春扫尘寓意"除尘(陈)布新",也就是要把一切穷运、晦气统统扫出门。这一习俗寄托着人们破旧立新的愿望和辞旧迎新的祈求。此外,还有张贴春联,张挂红彤彤的灯笼的习俗。

春节也是与家人团聚的时刻,这也是中华民族长期以来不变的传统习惯,在外的游子都争取在大年夜之前赶回家与家人团聚,吃团圆饭。团圆饭,又叫"年夜饭",即全家人聚齐进餐,济济一堂,有吉祥和谐的寓意。

中国人在吃团圆饭时对讲话也是特别有讲究的,要多说吉利话,如"好""发""多""余"等,忌讳说晦气的话,如"没了""少了"等。鱼是团圆饭中必不可少的一道菜,预示着年年有"余"(鱼)。另外,除夕之夜北方人会吃"更年饺子",而南方人则吃年糕,预示一年比一年高。

除夕之夜,全家老少会围坐在一起聊天、看电视,旧称"守岁",共同迎接新年的到来。

此外,在春节期间,中国人不仅重视与在世亲友间的团聚,还很注重与祖先的团聚。因此,每逢除夕,人们都到坟地举行一些习俗活动,如烧香、烧纸、放鞭炮等,寓意请祖先回家过年,与家人团圆。

从初一直到正月十五,人们都会沉浸在过年的欢乐气氛中,并伴随一系列习俗活动,如分发压岁钱、拜年、走亲访友等,共同祝愿人们在新的一年里吉祥如意。此外,不同地区庆祝新年的活动也有会所差异,如逛花市、耍龙灯、赏灯会、舞狮子等习俗。

2.万圣节(Halloween)与清明节

(1)万圣节

万圣节源于古代凯尔特民族(Celtic)的新年节庆,此时也是祭祀亡魂的时刻,在避免恶灵干扰的同时,也以食物祭拜祖灵及善灵以祈平安度过寒冬。西方人在庆祝万圣节时,会举行一系列的庆祝活动。

万圣节前夜,人们会尽情地装扮自己,尽情地作怪,无需在意他人异样的眼光。孩子们会穿上化妆服,戴上面具,到处搞恶作剧。有的孩子还会挨家挨户去"乞讨",当主人打开门时,孩子们就高喊：trick or treat（捉弄或款待）。如果主人回答 treat，并给孩子一些糖果、水果等，孩子们会开心地离开；如果主人拒绝招待的话，那就会被这些孩子捉弄，他们会在主人家的玻璃窗上到处乱画。

另外，很多公共场所做的各种装饰，如各种鬼怪、骷髅、稻草人、南瓜灯等，家家户户举办化妆舞会，并摆上各种水果以及食物供鬼魂食用，避免其伤害人类及其他动物。最热闹的习俗活动要数万圣节大游行，人们随意地在游行中拍照，尽情地享受特别而美好的一天，实现人与自然的和谐共处。

（2）清明节

中国的清明节有着重要的纪念功效，可以传达对逝者的缅怀与悼念之情。

每逢清明，人们都要回乡祭祖，清明扫墓、追祭先人的习俗由来已久。人们会进行简单的祭祀活动，如清除杂草、添加新土、准备祭品、烧纸钱、放鞭炮等，用以传达对先人的怀念与敬仰，这也是对生命的崇尚与热爱。

除了扫墓，清明节还有插柳、戴柳的习俗，起初人们是为了纪念"教民稼墙"的农事祖师神农氏；而后由于柳的旺盛生命力和强大的环境适应能力，逐渐被赋予了长寿的寓意，人们通过清明插柳，用来寄予希望长寿、趋吉避凶的愿望。

3. 愚人节（April Fool's Day）与中秋节

（1）愚人节

西方的愚人节是 4 月 1 日。愚人节起源于法国。1564 年，法国首先采用格里历（现在的阳历）。但是，一些守旧派反对这种改革，仍按照旧历在 4 月 1 日这一天庆祝新年。因此，革新派大肆讥讽守旧派的这种做法，并在 4 月 1 日给守旧派送假礼品，邀请他们参加假招待会，并将上当受骗的保守分子称作"四月傻瓜"或"上钩的鱼"。从此人们在这一天就会互相愚弄，最终成为法国流行的风俗。18 世纪初，愚人节传到英国和美国。

在愚人节当天,人们用水仙花和雏菊把房间布置得像过圣诞节或过新年一样,待客人来时,会祝贺大家"圣诞快乐"或"新年快乐",特别有意思。人们还会举办鱼宴,就是将请帖、餐桌、礼物都以鱼的样子呈现出来;用鱼制作所有的菜。愚人节最典型的活动应该是人们之间的相互捉弄。对方一上当,就高喊"四月的傻瓜(April's Fool)"。例如,有人会将砖头放在破帽子下面摆在马路中间,然后等着看谁来了会踢它;动物园也会接到不少打给菲什(鱼)先生的电话,这也会使工作人员经常掐断电话线。

(2)中秋节

中秋节又称"月夕、仲秋节、八月节、八月会、追月节、玩月节、拜月节、女儿节或团圆节",时在农历八月十五;恰值三秋之半,故名。①

据说在中秋节这一天,月球距离地球是最近的,所以月亮看起来也是最大最圆的,由此形成了饮宴赏月的习俗。在远古时期,人们就因为对天象的崇拜而产生了一些敬拜月亮的习俗,而中秋节正是这一活动的遗痕。《周礼·春官》中记载,周代就已有"中秋夜迎寒""中秋献良裘""秋分夕月(拜月)"的活动;到了汉代,则在中秋或立秋之日敬老、养老。晋朝时同样有中秋赏月之举,不过不是十分普遍;直到唐代将中秋与嫦娥奔月、吴刚伐桂、玉兔捣药、杨贵妃变月神、唐明皇游月宫等神话故事结合起来之后,赏月之风才大肆流行。中秋节是一个秋高气爽,明月当空的节日,除了赏月之外,人们还有吃月饼的习俗。以上这些活动都有相关的习语可以体现。例如:

一年明月今宵多

八月十五月儿圆,西瓜月饼摆得全。

八月十五月正圆,瓜果石榴列满盘。

月半十六正团圆

月到中秋分外明

---

① 殷莉,韩晓玲等.英语习语与民俗文化[M].北京:北京大学出版社,2007:44.

男不拜月,女不祭灶。

七月十五鬼节,八月十五人节。

吃乱了月饼死公公(冀县风俗:新媳妇第一年在婆家过中秋,就要连续几年,在娘家也是如此。否则就算吃乱了月饼)

八月摸个秋,摘柚抱瓜不算偷(摸秋习俗,月夜偷摘他人田园果实不视为偷。民间认为这天是送子娘娘下凡,未生育的已婚妇女摸秋若不被发现可早得子。)

五月回港扒龙舟,六月割禾有钱收,七月烧纸盂兰节,八月赚钱买饼尝中秋。

人们在中秋节祭月时会摆上月饼,还有苹果、西瓜、葡萄等时令水果,其中月饼和西瓜是一定不能少的。比较讲究的地区会把西瓜切成莲花状。从古至今,人们用"海上生明月,天涯共此时","但愿人长久,千里共婵娟"等诗句表达人们希望花好月圆、人间团圆的节日观念。

二、英汉节日的互译

(一)直译法

为了更好地传播中西方文化,让异国读者也能感受本民族的特色,可以采用直译法。例如:

April Fool's Day 愚人节

Mother's Day 母亲节

Father's Day 父亲节

Thanksgiving Day 感恩节

Boxing Day 礼盒节

旧历冬至前一天早晨,柔嘉刚要出门,鸿渐道:"别忘了,今天咱们要到老家去吃冬至饭。"

(钱钟书《围城》)

On the morning of the day of winter solstice by the lunar

calendar, just as Jou-chia was about to leave the apartment, Hung-chien said, "Don't forget. We have to go to my parents today for winter solstice dinner."

(珍妮·凯利、茅国权 译)

春联 Spring Festival Couplets

灯会 Lantern Festival

庙会 Temple Fairs

舞狮 Lion Dancing

耍龙灯 Dragon Lantern Dancing

腊八粥 Laba porridge

元旦 New Year's Day Jan.1（阳历 1 月 1 号）

元宵节 the Lantern Festival（农历正月十五）

清明节 the Qing Ming Festival（阳历 4 月 5 号）

端午节 the Dragon-Boat Festival（农历五月初五）

中秋节 the Mid Autumn Festival（农历八月十五）

重阳节 the Double Ninth Festival（农历九月初九）

国际劳动妇女节 International Working Women's Day（阳历 3 月 8 号）

国际劳动节 International Labor Day（阳历 5 月 1 号）

国际儿童节 International Children's Day（阳历 6 月 1 号）

中国共产党诞生纪念日 Anniversary of the Founding of the Chinese Communist Party（阳历 7 月 1 号）

教师节 Teachers' Day（阳历 9 月 10 号）

国庆节 National Day（阳历 10 月 1 号）

(二)意译法

有时,直译也无法忠实地再现本族的民俗文化时,就可以考虑采用意译法。例如:

New Year's Day 元旦节

St. Valentine's Day 情人节

Guy Fakes Day 烟火节

Halloween 万圣节

Christmas Day 圣诞节

可巧这日乃是清明之日,贾琏已备下年例祭祀,带领贾环、贾琮、贾兰三人去往铁槛寺祭枢烧纸。宁府贾蓉也同宗族中几人各办祭祀前往。

(曹雪芹《红楼梦》第五十八回)

Now the Clear and Bright Festival came round again. Jia Lian, having prepared the traditional offerings, took Jia Huan, Jia Cong and Jia Lan to Iron Threshold Temple to sacrifice to, the dead. Jia Rong of the Ning Mansion did the same with other young men of the clan.

(杨宪益、戴乃迭 译)

守岁 waking up on New Year

发压岁钱 money for children as a New Year gift

正月初一 the first day of the lunar month

拜年 paying a New Year call

门神财神 pictures of the god of doors and wealth

粽子 sticky rice dumplings

第三节 英汉饮食文化对比与互译

人类社会在发展演变的过程中形成了独特的饮食文化,英汉民族由于受多种不同因素的影响,在饮食文化上具有鲜明的差异性。下面首先进行英汉饮食文化的对比,然后探讨二者的互译情况。

一、英汉饮食文化对比

英汉饮食文化在饮食观念、饮食餐具、饮食对象、烹调方式上都存在差异,各自具有鲜明的特点,下面就针对英汉饮食文化的上述方面进行对比。

(一)英汉饮食对象对比

1. 西方的饮食对象

在西方,由于自然条件不适宜农作物的生长,因此其农业资源并不像中国那么丰富,这就决定了其饮食对象的不同。西方人们多以渔猎、养殖为主,以采集、种植为辅。因此,受游牧民族、航海民族的文化血统的影响,西方的饮食对象多以荤食为主,甚至连西药也是从动物身上摄取提炼而成。西方人在介绍自己国家的饮食特点时,常常对自己国家发达的食品工业和快餐食品引以为豪。虽然这些罐头、快餐千篇一律,但节省时间且营养良好。西方人喜食荤食,但需要说明的一点是,他们不吃动物内脏、头、尾与皮。此外,在西方人看来,菜肴的主要作用就是"充饥",所以其菜肴多为整块的鸡和肉。

2. 中国的饮食对象

基于我国是有史以来的农业大国这一客观因素,汉民族文化下的饮食对象多与农业生产有关,具体来说包括以下几大类。

(1)主食类

中国的传统主食是五谷,即稻、黍、稷、麦、菽。除此以外,马铃薯、山药、芋头等薯类作物也可以充当主食。一直以来,粮食是汉语文化下饮食的本源。根据南北方的差异,在主食上也是有区别的,有"粒食"和"粉食"之别,"粒食"主要是长江往南的人们的主食,主要是以大米为原料而做成的各类食物,"粉食"主要是将小麦研磨成面粉食用。具体如表 9-7 所示。

表 9-7　汉民族南北方主食类别

所属区域	主食类别		
长江以南（南方）	粒食	米饭	大米饭
			小米饭
		粥	各种粥类
黄河以北（北方）	粉食	如面饼、馒头、面汤等	

（2）辅食类

从传统意义上而言,中国人的辅食是蔬菜,外加少量肉食。佛教视动物为"生灵",视植物为"无灵",中国受佛教影响较大,因而以素菜为主。据有关资料统计,中国人吃的蔬菜品种有 600 之余,是西方人的若干倍。以往的饮食结构偏向于"植物类"这一结构,荤菜是随着人们生活水平的提高才慢慢走上百姓餐桌的。

（3）肉食类

肉食主要来源于与农业生产有密切关系的六畜,即马、牛、羊、狗、猪、鸡。据《孟子·梁惠王上》记载,"鸡豚狗彘之畜,无失其时,七十者可以食肉矣"。可见,在中国古代社会中,人们是很少吃肉的。

(二)英汉饮食观念对比

1. 西方的饮食观念

西方饮食观念中比较注重对营养的追求,因此西方人选择食品时首先要考虑其营养价值的高低。西方人认为饮食的主要目的并不在于美味与享乐,而在于生命健康的维系,西方的饮食观念偏重于理性与科学。这从人们食品的选择上就可以看出,西方人对食物的色、香、味、形等的要求不是很苛刻,但是食物的营养价值必须要高,他们非常看重食物的营养成分。例如,蛋白质、脂肪、碳水化合物、维生素等的搭配是否均衡,这些营养成分能否被彻底吸收以及是否有副作用,卡路里的摄取量是否合适等。如果加热烹调会造成营养损失,那他们宁愿选择吃半生不熟的食物以保证最大限度的摄取营养。

西方人的饮食观念与其哲学理念是相对应的。西方哲学所坚持的是形而上学,他们研究的是事物的道理,追求的是事物的本质。西方的哲学思想曾为西方文化带来非常大的生机,在哲学思想的影响下,西方的文化在自然科学、心理学和方法论上都得到飞速的发展。但同时,这种哲学思想也为某些领域带来了极大的阻碍作用,如饮食文化。

2.中国的饮食观念

在《汉书·郦食其传》中记载,"王者以民为天,民以食为天。"可见,在汉语文化观念下,饮食可谓是天底下头等重要的大事情,具有感性、务实特征的中国人特别讲究"吃"。当然,这种对饮食的讲究和追求还是存在着一定的历史渊源的,在农业文明时期,生产力水平比较低下,人们常常吃不饱饭,所以在中国人的观念里"吃"重于一切,由此形成了独特的饮食文化。当然,在农业文明时期生产力极其低下的情况下,饮食是为了维持生存和健康,就是人们经常所提及的"药补不如食补",讲究食疗、食补、食养,重视以饮食来养生强身的文化基础。随着生产力的发展,人们主观意识上的饮食追求也在不断提升,并逐渐开始趋向于对"美味佳肴"的追求。

就饮食的追求理念来看,又有"食以味为先"的说法,中国文化下的人们所保持的美性饮食观念已深入人心。在汉语饮食文化中,食物的味道极为重要。中国人将对美味的追求作为进食的首要目的,而烹饪也以追求美味为首要要求。无数的中国人在对食物做法的研究上花费了大量的心思,发明了各式各样的烹饪技术。对于中国人而言,同样的原料可以采用多种不同的处理方法,而同样一道菜从南到北的味道也是不同的。由于中国人五花八门的烹饪技术总是能很好地掩盖原料本身的缺陷,所以中餐对原材料的要求并不是很高,中国的烹饪师总是能将原材料最美味的一面呈现出来,即便一道极为简单的蔬菜也能做得有滋有味。

在汉语文化饮食追求理念的指引下,其菜肴不仅"色、香、味"俱全,对菜名也相当讲究,很多菜的名字都极具诗情画意。例如,"孔雀迎宾""全家福""长生粥""龙虎斗"等。每一道中国菜,无论是它的色、香、味还是名字,都能激活你全身的每个细胞,引发你无法抗拒的食欲。即便是一道非常简单的菜也能让你获得来自于视觉、味觉、听觉和嗅觉全方位的满足感,将饮食中的口味之感同客观世界有机结合起来,如图9-1所示。

口味之感 ⟶ 生理感受 ⟶ 心理感受 ⟶ 主观评价
客观世界

图 9-1　饮食中的口味之感对人们的影响

(资料来源:丁婵婵,2012)

(三)英汉饮食餐具对比

1. 西方饮食餐具

西方人多以金属刀叉为餐具,盛放食物的器皿种类繁多,包括各种杯、盘、盅、碟。西方人用餐比较讲究,他们取食不同食物时往往使用不同的工具。餐具的摆放也很有讲究,他们在用餐时一般左手拿刀,右手拿叉,且餐的摆放按照刀叉的顺序从外向内依次取用。西方人使用刀叉的行为曾被认为是一种文明程度不高的象征,他们之所以以刀叉为饮食工具并不是空穴来风,而是有一定的历史渊源。

西方民族多为游牧民族,人们常年放牧,由于需要长时间在外,因此身上带一把刀是必需的,既可以当作一种工具,又可以在吃饭的时候作为餐具,户外饮食多以烤肉为主,将肉烤熟后用刀割下来直接食用。随着生活方式的改变,人们渐渐定居下来,刀叉也逐渐走进了厨房,成为了一种日常餐饮工具。现代西方社会的经济发展迅速,人们的生活水平提高,其文明发达程度一目了然,显然刀叉作为餐具的习惯已不会更改。

2.中国饮食餐具

中国的饮食餐具以筷子为主,有时也会使用汤匙,饮食工具还包括一些杯、盘、碗、碟。筷子的使用在我国有很久的历史渊源,先秦时期人们吃饭一般不用筷子,多以手抓的形式来拿取食物。后来由于人们开始将食物进行烤制,这样便不宜用手直接抓食,需要借助于树枝一类的工具的帮助,久而久之人们便逐渐学会使用竹条来夹取食物,这也是筷子最早的雏形。古代的筷子称作"箸",根据相关研究表明,到汉代后人们才普遍使用筷子。法国著名的文学思想家、批评家罗兰·巴尔特(Roland Banhes)认为,筷子在夹取食物时不像刀叉那样切、扎、戳,因而食物不再是人们暴力之下的猎物,而成为了被和谐传送的物质。中国人性格温和,主张以"和"为贵,因此在使用筷子时不会出现不雅动作。还有人认为,筷子的使用可以锻炼儿童的手脑协调能力,中国人的灵巧与智慧想必也与从小使用筷子具有密切联系。

(四)英汉烹调方式对比

1.西方的烹调方式

由于西方主要注重的是食物的营养价值,其对于食物的烹调也多以保持营养为第一准则。西餐的烹调方式比较单一,主要为烤、炸和煎。西餐中不同的食物大多都可以使用这些烹调方法进行烹制。西方人在食物的烹制过程中讲究营养的均衡,因此各种食材常常混合在一起进行制作,如将面食与肉类、蔬菜,甚至水果混在一起。可见,西方的烹制方法虽然最大程度地保持了食材的营养成分,但是菜品的美观度有时并不那么高,同时还缺少了一定的艺术氛围。但值得一提的是,西方不少国家的中小学校都有营养师,这些营养师会对学生的膳食进行评估和调理,以保证青少年的营养充足、平衡,中国对于这一问题的重视程度远远不及西方国家。

2. 中国的烹调方式

相比较而言,中国的烹调方式可谓技术高超、品种丰富。

(1)同一种食材可以通过不同的加工方式制作出变化无穷的菜肴。例如,山西面食以白面为基本原料,却能变幻出刀削面、包皮面、猫耳朵、拉面、剔尖、剥面、切面、饸饹、揪片等几十种花样,充分体现出中国人丰富的想象力。

(2)中国各地的菜肴就地取材,因地制宜,根据风味的不同可分为京菜、川菜、鲁菜、粤菜、湘菜、徽菜、苏菜、闽菜八大菜系。厨师常常根据季节的变化来改变调料的种类或数量,烹制出口味有别的菜肴。例如,四川、重庆地区气候湿热,菜肴常以麻辣为特点,这样既能刺激胃口,又能发散人体内的湿热,有益于健康。

(3)中国文明开化较早,烹调技术较为发达,对食材的冷与热、生与熟以及同种食材的不同产地都讲究颇多。此外,在烹制的过程中,对火候、时间等要素都有严格的控制。

(4)中国对食材的加工方法也已经非常成熟。中国的刀功包括切片、切丝、切丁、切柳、切碎、去皮、去骨、去壳、刮鳞、削、雕等各种技法。中国的烹调方法就更多了。例如:

炒——将适量油倒入锅内,加热到一定程度后将菜料放入锅内加热直至熟透,这是中式菜肴最主要的烹调方法。

炖、煨、焖、煲——将菜料放在水或汤中,用小火慢慢加热熬煮,这种烹饪方法主要用来做汤。

熏——将家禽或野味用调料调制好后,用特殊的树木柴禾熏烤而成,这种菜肴风味独特。

炸——在锅内放入较多的油,等到油煮沸后将食物放入锅中进行较长时间的炸制,使食物松脆香酥。炸可分为干炸、软炸、酥炸三种。不同的炸法适合不同的食物,且不同的炸制方式会有不同的口感。

爆——其方法大致与煎相同。但爆在烹饪过程中一般是用来为食物提取味道的,锅中所放入的油比较少,通常情况下是为了使食物的香味散发出来,爆时火较大且时间较短。在做菜过程中经常需要将葱等爆香,以提高食物的美味度。

煎——是在锅内放入少量的食用油,等油达到一定的温度后将食物放到锅中进行煎制,这样所做出的食物没有炸的那么多油,但是也会使食物有酥脆之感。水煎包是利用煎的烹饪手法来制作的。

煮——是指在锅内放入一定量的水、调味料,在小火上烧。煮可按煮制所需时间的长短分为速煮和快煮两种。

烧——这也是中式菜肴最常用的烹调方法之一。烧可以使食物更加入味,做法一般是在锅内放入少量食用油,等到油达到一定的温度后放入菜料和调味料,盖上锅盖进行焖制。

烤、烘——烘是指将菜料放在密封的烘炉里或铁板架子上烤,食物不与火直接接触;烤是指将菜料放在火上或火旁烧烤。

蒸——将食物用适当的调味料进行调制,并将调制好的食物放在碗或碟内,再将其放入锅中或蒸笼中隔水煮。在中国北方,许多面食如馒头、包子等就是这样加工而成的。

白灼——将食物放在沸水中烫一下,然后取出来调料进行炝拌或热锅炒,在烹制海鲜食品时通常用这种方法。

二、英汉饮食文化互译

随着经济全球化的不断加深,不同民族之间的饮食文化交流也日益频繁。正因如此,饮食文化的翻译工作也越来越受到人们的重视。下面就对英汉饮食文化的互译进行分析。

（一）英汉菜名文化的互译

1.西方菜名的汉译

关于西式菜名的翻译问题,人们有着不同的看法,有人认为应该采用归化法,即用中国类似的菜肴名称代替西式菜肴的名称,如将 spaghetti 译为"盖浇面",将 sandwich 译为"肉夹馍"。然而,人们普遍认为这样的译名不妥,虽然两种食物在外形上有些许类似,但是就制作材料和味道方面却千差万别,这样的译名有失准确原则,可能造成人们对该食物理解上的错误。这样的中式译名虽然看似地道,实则抹杀了原菜名所蕴含的西式韵味。为此,大部分西式菜可采用直译、意译相结合的方法。例如:

apple pie 苹果派

shrimp toast 鲜虾吐司

grilled chicken 香煎鸡扒

vanilla pudding 香草布丁

spaghetti bolognaise 肉酱焗意粉

India chicken curry 印度咖喱鸡

American fillet mignon 美式牛柳扒

vegetable curry 什菜咖喱

ham sandwich 火腿三明治

potato salad 土豆沙拉

Alvin salad 阿利文沙律

mango mousse 芒果慕斯

2.中式菜名的英译

中国的菜肴本身蕴含着浓重的文化气息。通常而言,对于中国菜名的翻译一般可以采取以下几种方法。

（1）直译法

有些中国菜名按照字面意思翻译就能使外国人明白其基本

含义,因此常采用直译法进行翻译。例如:

虾仁包蛋 shrimps and eggs

彩虹虾片 rainbow prawns

金钱蛋卷 golden coin egg rolls

脆皮鱼 crisp fish

鸡汤 chicken soup

蛋花 egg floss

素鸡 vegetarians chicken

板鸭 flat duck

白面包 white bread

萝卜球 turnip rolls

叫花子鸡 beggars' chicken

盐水兔 salted rabbit

甜酸肉 sweet and sour pork

小春卷 tiny spring rolls

(2)意译法

有些中国菜的名称很难从字面上表明其真正含义,这时就需要采用意译的方法进行翻译。例如:

金华玉树鸡 sliced chicken and ham with greens

发财好市 black moss cooked with oysters

(3)转译法

中国很多菜名为了体现深厚的文化内涵往往会采用谐音的方法,在翻译这类菜名时首先要找到谐音的内容,然后用转译法进行翻译。例如:

凤凰牛肉羹 egg and beef soup

凤凰玉米羹 corn and egg porridge

甜芙蓉燕窝 sweet birds nest soup with egg white

龙虎凤大烩 thick soup of snake, cat and chicken

(4)拼音加注法

拼音加注法是指采用汉语拼音和英语解释相结合的翻译方

法将中国菜的风格与味道表达出来。例如：

东坡肉 Dongpo pork

南京板鸭 Steamed Nanjing duck cutlets

山东烧笋鸡 Shandong roast spring chicken

盐卤信丰鸡 salt-baked Xinfeng chicken

潮州鱼丸 fish balls,Chaozhou style

太白鸭子 Taibai duck

湖南羊皮 Hunan lamb

鱼香八块鸡 chicken in eight pieces,Sichuan style

岭南酥鸭 crispy duck,Lingnan style

北京烤鸭 Beijing roast duck

合川肉片 stewed pork slices,Hechuang style

京酱肉丝 shredded pork with Beijing sauce

广东炒牛肉 stir-fried beef shreds,Guangdong style

怪味牛百叶 Ox tripe,Sichuan style

广式龙虾 lobster,Guangdong style

罗汉大虾 Lohan giant prawns

狗不理包子 the Goubule steamed stuffed bun

苏州豆腐汤 Bean curd soup,Suzhou style

四川鸡丝 Sichuan style shredded chicken

（5）倒译法

倒译法是指翻译时按照英语的结构特点将汉语的词序完全倒置的方法。例如：

汤面 noodles in soup

卷筒兔 rabbit rolls

咖喱鸡 chicken curry

白汁鱼唇 fish lips in white sauce

醋椒三鲜 three vegetables in hot and sour sauce

芙蓉海参 sea cucumbers with egg white

凤尾鱼翅 shark's fin in the shape of phoenix tail

八宝酿鸭 duck stuffed with eight delicacies

（6）根据烹饪方法翻译

有些中国菜名可以根据菜肴的烹饪方法和原料进行翻译。

例如：

肉丝拌面 noodles with shredded pork

酿蘑菇 stuffed mushrooms

鸡蛋葱花炒 fried rice with egg and chive

红烧鲤鱼 braised masked carp

焖牛肉 braised beef

白灼海螺片 blanched sliced conch

熏猪排 smoked pork chops

冻腌牛舌 cold corned ox tongue

烧乳猪 roast sucking pig

铁烧牛肉 grilled beef steak

烩羊肉片 fried mutton slice

（二）英汉酒名文化的互译

酒是一种饮料，但不仅仅是一种饮料。早在酒被创造之初，人们便赋予了酒特殊的文化内涵，也就是人们所说的酒文化。酒文化不仅是指酒在制作、销售以及消费过程中所产生的物质文化，同时还包括与酒相关的精神文化。

1. 西方酒名的汉译

西方酒文化的历史十分悠久，至今已有五六千年，经过漫长历史时期的积累和沉淀，西方酒文化也形成了自身独特的风格。西方酒名的翻译一般可以采取以下几种方法。

（1）直译法

部分西式酒名采用直译的手法可达到较好的翻译效果。

例如：

Captain Morgan 摩根船长

Crystal Palace 水晶宫金

Bombay Sapphire 孟买蓝宝石

Royal Salute 皇家礼炮

Canadian Club 加拿大俱乐部

Queen Anne 安妮皇后

（2）音译法

音译法是指模仿酒名的英文发音而进行汉译的方法。音译法是西方酒名翻译最常使用的方法，且这种译法通常适用于原商标名不带有任何含义的情况。例如，Vermouth 原译为"苦艾酒"，因为此酒在制造过程中加入了一种叫做苦艾叶的植物原料，又因其酒基是葡萄酒，故而滋味甜中微微带苦。原译名以该酒中的一个特色原料命名，并非不妥，但听来略显哀伤，毕竟该酒的口感是以葡萄酒的香甜为主，"苦艾"二字营造的情调与酒的口味实则不符。改译后的音译名"味美思"则贴切很多。下面再列举一些音译酒名的例子。

Dunhill 登喜路

Bronx 白朗克司

Vodka 伏特加

Richard 力加

Brandy 白兰地

Carlsberg 嘉士伯

Hennessy 轩尼诗

Martini 马丁尼

Whisky 威士忌

Bacardi 百家地

Pernod 45 潘诺 45

Lone John 龙津

（3）意译法

这也是西式酒名翻译中较为常见的一种手法。例如：

Great Wall Jade 碧玉长城

— 235 —

Mandarin Napoleon 橘子拿破仑

Wild Turkey 野火鸡波本

Grasshopper 绿色蚱蜢

Amaretto Sour 杏仁酸酒

总体上讲,不论是采用音译法、直译法还是意译法来翻译酒名,译名必须体现目的语民族的文化特色,同时也要符合源语民族的审美观念和文化价值,这是酒名翻译的基本原则。

2.中式酒名的英译

中国酒的酒名大多以产地命名,在翻译时一般可以采用音译的手法。例如:

董酒 Dongjiu(wine)

茅台酒 Maotai(wine)

汾酒 Fenjiu(wine)

绍兴酒 Shaoxing rice wine

剑南春 Jiannanchun(wine)

西凤酒 Xifeng(wine)

烟台红葡萄酒 Yantai red wine

双沟大区 Shuanggou(wine)

青岛啤酒 Qingdao beer

还有一些酒是以主要酿造原料命名,但酒名属于专有名词,翻译时也应采用音译手法。例如:

莲花白酒 Lianhuabai(wine)

五粮液 Wuliangye(wine)

古井贡酒 Gujinggong(wine)

竹叶青酒 Zhuyeqing(wine)

参考文献

[1]白靖宇.文化与翻译(修订版)[M].北京:中国社会科学出版社,2010.

[2]蔡基刚.英汉词汇对比研究[M].上海:复旦大学出版社,2008.

[3]陈福康.中国译学理论史稿[M].上海:上海外语教育出版社,2006.

[4]陈坤林,何强.中西文化比较[M].北京:国防工业出版社,2012.

[5]成昭伟,周丽红.英汉语言文化导论[M].北京:国防工业出版社,2011.

[6]高华丽.中外翻译简史[M].杭州:浙江大学出版社,2009.

[7]高占祥.论节日文化[M].北京:文化艺术出版社,1997.

[8]辜正坤.互构语言文化学原理[M].北京:清华大学出版社,2004.

[9]顾嘉祖等.跨文化交际——外国语言文学中的隐蔽文化[M].南京:南京师范大学出版社,2000.

[10]郭益凤.翻译中的英汉词汇语义对比研究[D].哈尔滨:黑龙江大学,2002.

[11]黄成洲,刘丽芸.英汉翻译技巧[M].西安:西北工业大学出版社,2008.

[12]黄龙.翻译学[M].南京:江苏教育出版社,1987.

[13]黄勇.英汉语言文化比较[M].西安:西北工业大学出版社,2007.

[14]贾文波.应用翻译功能论[M].北京:中国对外翻译出版公司,2004.

[15]金惠康.跨文化交际翻译续编[M].北京:中国对外翻译出版公司,2004.

[16]兰萍.英汉文化互译教程[M].北京:中国人民大学出版社,2010.

[17]李建军.文化翻译论[M].上海:复旦大学出版社,2010.

[18]李建军.新编英汉翻译[M].上海:东华大学出版社,2004.

[19]连淑能.英汉对比研究[M].北京:高等教育出版社,2010.

[20]刘军平.西方翻译理论通史[M].武汉:武汉大学出版社,2009.

[21]卢红梅.汉语语言文化及其汉英翻译[M].武汉:武汉大学出版社,2011.

[22]卢红梅.华夏文化与汉英翻译(第二部)[M].武汉:武汉大学出版社,2008.

[23]卢红梅.华夏文化与汉英翻译[M].武汉:武汉大学出版社,2006.

[24]罗新璋,陈应年.翻译论集[M].北京:商务印书馆,2009.

[25]彭庆华.英语习语研究:语用学视角[M].北京:社会科学文献出版社,2007.

[26]邵志洪.英汉对比翻译导论[M].上海:华东理工大学出版社,2010.

[27]宿荣江.文化与翻译[M].北京:中国社会出版社,2009.

[28]谭载喜.西方翻译简史[M].北京:商务印书馆,1991.

[29]汪德华.中国与英美国家习俗文化比较[M].杭州:浙江大学出版社,2011.

[30]王恩科,李昕,奉霞.文化视角与翻译实践[M].北京:国防工业出版社,2007.

[31]王少飞.文学翻译的"归化"和"异化"[D].北京:对外经济贸易大学,2006.

[32]王武兴.英汉语言对比与翻译[M].北京:北京大学出版社,2003.

[33]王英鹏.跨文化传播视域下的翻译功能研究[D].上海:上海外国语大学,2012.

[34]王佐良.翻译:思考与试笔[M].北京:外语教学与研究出版社,1989.

[35]魏海波.实用英语翻译[M].武汉:武汉理工大学出版社,2009.

[36]吴为善,严慧仙.跨文化交际概论[M].北京:商务印书馆,2009.

[37]武锐.翻译理论探索[M].南京:东南大学出版社,2010.

[38]闫文培.全球化语境下的中西文化及语言对比[M].北京:科学出版社,2007.

[39]严明.跨文化交际理论研究[M].哈尔滨:黑龙江大学出版社,2009.

[40]杨丰宁.英汉语言比较与翻译[M].天津:天津大学出版社,2006.

[41]杨贤玉.英汉翻译概论[M].武汉:中国地质大学出版社,2010.

[42]殷莉,韩晓玲等.英汉习语与民俗文化[M].北京:北京大学出版社,2007.

[43]张岱年,程宜山.中国文化论争[M].北京:中国人民大学出版社,2006.

[44]张公瑾,丁石庆.文化语言学教程[M].北京:高等教育出版社,2004.

[45]张全.全球化语境下的跨文化翻译研究[M].昆明:云南大学出版社,2010.

[46]张维友.英汉语词汇对比研究[M].上海:上海外语教育出版社,2010.

[47]张镇华等.英语习语的文化内涵及其语用研究[M].北

京:外语教学与研究出版社,2007.

[48]郑春苗.中西文化比较研究[M].北京:北京语言出版社,1994.

[49]中国社会科学院语言研究所.现代汉语词典(英汉双语版)[M].北京:外语教学与研究出版社,2002.

[50]卞正东.翻译中的政治意识与失误分析[J].疯狂英语,2008,(2).

[51]陈建民.文化语言学的理论建设[J].语文建设,1999,(2).

[52]陈立珍.跨文化英汉词汇对比研究与英汉翻译[J].中国会议,2006,(12).

[53]陈圣白.英汉习语的语用对比与语用等效翻译[J].湖北成人教育学院学报,2008,(2).

[54]丁婵婵.饮食文化与汉语国际推广[J].金田,2012,(10).

[55]段敏.数字习语之汉英对比与翻译[J].长春教育学院学报,2015,(3).

[56]管晶.浅论翻译与文化发展的互动关系[J].中国科技信息,2005,(18).

[57]郭莲.文化的定义与综述[J].中共中央党校学报,2002,(1).

[58]贺相铸.翻译促进文化与文化制约翻译——论文化与翻译的关系[J].昆明理工大学学报,2005,(2).

[59]贾菊花.任务导向型大学英语翻译教学——以中国民俗节日文化翻译为例[J].兰州交通大学学报,2014,(5).

[60]况新华,曾剑平.语言与文化的关系述要[J].南昌航空工业学院学报,1999,(1).

[61]梁艳红.中国饮食文化翻译初探[J].文学界,2011,(7).

[62]廖海娟.文化视角中的英汉翻译[J].湖南科技学院学报,2010,(3)

[63]刘燕.英汉词汇对比研究[J].校园英语,2015,(21).

[64]刘英凯.华夏文化自我中心观及外来语的汉译[A].文化与传播(第二辑)[C].上海:上海文化出版社,1994.

[65]陆维卫.论英汉语言的对比与翻译[J].考试周刊,2008,(39).

[66]马姝.英汉颜色词的文化对比及翻译方法[J].中国科教创新导刊,2009,(28).

[67]沐莘.试论英汉文化对比研究[J].山东外语教学,1994,(1).

[68]纳成仓.英汉基本颜色词的文化异同及其翻译方法[J].青海师范大学学报,2005,(6).

[69]宁东兴.汉英亲属称谓文化比较与翻译策略探讨[J].牡丹江大学学报,2015,(2).

[70]强媛媛.中西数字文化对比与对外汉语教学[D].开封:河南大学,2013.

[71]乔虹.翻译与文化的互动关系[J].赤峰学院学报,2009,(11).

[72]汪美琼.小议汉英职衔称谓的差异[J].牡丹江大学学报,2009,(9).

[73]王琬默,龚萍.翻译中的文化因素[J].辽宁工程技术大学学报,2006,(6).

[74]吴静.英汉称谓语的文化差异与翻译策略[J].湖南医科大学学报,2008,(3).

[75]吴宗友,曹荣.论节日的文化功能[J].云南民族大学学报,2004,(6).

[76]徐波.英汉词汇对比与翻译技巧[J].课程教育研究,2015,(27).

[77]徐华,周晓阳.论文化的基本特征[J].南华大学学报,2012,(4).

[78]严娟珍,张成功.英汉数字文化对比与翻译[J].剑南文学,2011,(7).

[79]杨仕章.略论翻译与文化的关系[J].解放军外国语学院学报,2001,(2).

[80]杨彦珍.从称谓看中西文化差异[J].学科探究,2007,(9).

[81]喻云根.翻译、翻译理论与翻译教学[J].解放军外语学院学报,1990,(1).

[82]曾沉.英汉习语文化对比与翻译[J].贵州民族学院学报,2007,(2).

[83]张丽美.英汉人名文化比较及翻译[J].长春教育学院学报,2009,(6).

[84]张萍梅.英汉语篇比较与翻译[J].青年文学家,2013,(3).

[85]张怡玲.简析英汉数字文化内涵的异同[J].大学英语,2006,(2).

[86]左飚.文化交流及中西文化对比研究综观[J].中国外语,2009,(4).

[87]Bassnett, Susan. *Translation Studies* [M]. London and New York: Methuen, 1980.

[88]Davus, Linell. *Doing Culuture-Cross-Cultural Communication in Action* [M]. Beijing: Foreign Language Teaching and Research Press,2004.

[89]Edward T. Hall. *Beyond Culture* [M]. New York: DOUBLE EDAY,1976.

[90]Edwin Gentzler. *Contemporary Translation Theories* [M]. London: Routledge Inc. ,1993.

[91]Hudson,R. A. *Sociolinguistics*[M]. Oxford,U. K. : The Alden Press,1980.

[92]Newmark, Peter. *A Textbook of Translation* [M]. New York: Prentice Hall International,2001.

[93]Samovar,L. & Porter,R. *Communication between Cultures*[M]. Belmont,CA: Wadsworth Publishing Company,1995.

[94]Tylor,Edward Burnett. *Primitive Culture*[M]. Beijing: Hua xia Publishing House,1990.

[95]Wardhaugh, Ronald. *An Introduction to Sociolinguistics* [M]. Beijing: Foreign Language Teaching & Research Press,2000.